FABRIC:
fabric

FABRIC:
fabric

**천가방
제작을 위한
실무
안내서**

**고예빈
지음**

PRACTICAL PRESS

차례

들어가며　08

1장　브랜드를 준비하세요?　11

1. 브랜드를 이루는 요소
2. 하나의 제품이 나오기까지: 생산 과정 살펴보기

2장 원부자재 이야기 1: 섬유 27

1. 섬유가 무엇일까요?

2. 섬유의 종류
- 천연섬유 • 인조섬유

3. 섬유 조각은 어떻게 모여 소재가 될까?
- 섬유 소재의 구분
- 직물을 사용하려면 • 직물의 조직

4. 패브릭 제품에 많이 사용하는 섬유 소재
- 자연스러운 분위기의
- 홈웨어에 어울리는
- 무늬가 있는
- 은은한 실루엣을 위한
- 포근하고 부드러운
- 가볍고 실용적인

3장 원부자재 이야기 2: 부자재 163

1. 웨빙과 리본
· 웨빙 · 리본

2. 부자재의 도금

3. 부자재의 종류와 활용
· 고리 · 끈 조리개 · 스냅 · 아일릿
· O링과 D링 · 리벳과 솔트레지 · 지퍼

4. 그 밖의 재료와 도구들

4장 원단에 그림을 표현하는 방법 195

1. 실크스크린
2. DTP
3. 컴퓨터 자수

5장 완성도 높은 제품으로   209

1. 메인 라벨

2. 케어 라벨

3. 프라이스 태그

6장 제품 생산을 위한 준비   223

1. 원부자재 준비하기

2. 작업지시서 작성하기
· 작업지시서에 들어갈 내용 · 도식화 그리기
· 패브릭 포스터, 천가방의 시접 마감 방법

3. 생산이 완료된 후

부록 현장 용어   249

들어가며

저는 천가방을 좋아합니다. 사는 것도 만드는 것도요. 특히 제가 디자인한 가방이 만들어지는 과정을 상상하고 탐구하는 일을 즐겨합니다. '이런 분위기를 내려면 이 소재를 사용하는 게 좋겠어. 이 그림을 표현하려면 자수가 예쁠까, 실크스크린으로 프린트하는 게 예쁠까. 이 부분의 마감은 이렇게 처리하면 더 좋겠어…' 하나의 천가방이 만들어지기까지는 생각보다 많은 과정을 거쳐야 합니다. 모든 것이 고민과 선택의 연속이고 때로는 헤매기도 하지만 이 과정이 즐겁습니다. 노트 속의 러프한 스케치에 지나지 않았던 구상에 적절하고 알맞은 재료로 질감과 형태를 만들어주는 일을 좋아합니다. 이 책을 읽고 있는 여러분도 아마 저처럼 천가방을 유난히 좋아하는 사람일 거라고 생각합니다. 지금 바로 제작에 뛰어들진 않더라도 한번쯤은 '내가 천가방을 만든다면…' 하고 상상해봤을 테고요. 이 책은 저처럼 천가방을 좋아하는 사람들, 그리고 좋은 물건을 만들어 사람들에게 전하는 기쁨을 느끼고 싶은 사람들을 위한 천가방 제작 안내서입니다. 의상디자인 전공자로서 아는 것, 제 작업을 이어가면서 경험한 것, 원단 시장과 봉제 공장을 다니며 배운 것을 이 책에 정리했습니다. 이 책을 읽은 독자 여러분이 천가방을 좋아하는 마음을 실현하고, 그 과정에서 시행착오를 덜 하며, 좋아하는 작업을 계속 이어갈 수 있으면 좋겠습니다.

2019년 가을
고예빈

일러두기
외래어는 되도록 국립국어원 외래어표기법을 따라 표기했지만, 봉제 공장이나 원단 시장에서 많이 사용하는 용어인 경우 현장에서 쓰이는 발음대로 적었습니다.

1장

브랜드를
준비하세요?

1. 브랜드를 이루는 요소

브랜드를 만드는 일은 나만의 작은 세계를 만드는 것이라고 생각합니다. 내가 무엇을 좋아하는지 알아내고, 막연한 생각이나 느낌에 그쳤던 것을 구체적으로 스케치하고 디자인하고, 다시 그것에 질감과 형태를 더해주면서 하나의 세계를 짓는 일이라고요.

그런데 하나의 세계를 현실화하는 일에는 조금 더 복잡하고 실질적인 작업들이 필요하죠. 어떤 물건을 얼마나 만들어 누구에게 어떻게 팔지 꽤 많은 것을 고민하고 분석하고 예측해야 합니다. 이 분석과 예측에 맞춰 예산을 마련하고 사업자등록을 해야 하며, 세금계산서나 현금영수증을 발급할 줄도 알아야 합니다. 판매나 교환, 환불 등에 관한 각종 세세한 정책도 필요하죠.

다만 이 책에서는 패브릭 브랜드의 기초 설계를 위해 '좋아하는 것에 집중'하는 이야기를 주요하게 다루려고 합니다. 자신이 좋아하는 것을 사람들에게 어떻게 보여줄 것인지, 각자의 작은 세계를 현실화하는 밑그림을 그리기 위해 꼭 알아두어야 할 것들을 정리해보려 합니다.

이름

브랜드의 가장 기본이 되는 요소입니다. 스토리가 잘 담긴 이름은 브랜드를 전개하는데 큰 도움이 됩니다. 이름을 짓는 방식은 다양한데, 브랜드의 정체성이나 분위기를 드러내는 명확한 단어로 짓기도 하고 해석이 필요하도록 일부러 알쏭달쏭한 언어로 짓기도 합니다. 뜻과 발음의 편리성 등을 살피며 신중히 지어야 하는 것은 분명하지만,

어쩌다 급하게 지은 이름으로 시작하더라도 뛰어난 브랜딩이나 마케팅 전개로 차곡차곡 이미지를 구축해가는 브랜드도 있긴 합니다. 처음에 지은 이름이 마음에 들지 않더라도 금방 바꾸기보다는 미래를 내다보며 의미를 만들어가도 좋습니다.

저의 경우에는 'projet'라는 브랜드 이름을 사용합니다. 제가 만드는 천가방 브랜드의 이름이죠. 스치는 생각, 러프한 스케치에 불과했던 노트 속 오브제를 실물로 만드는 프로젝트에서 이 일을 시작하여 이린 이름을 짓게 됐습니다. 프로젝트라고 하긴 했지만 대단한 일은 아니었고, 좋아하는 물건을 혼자서 만들어보는 아주 작고 느린 프로젝트였죠. 'project'라는 단어와 'objet'라는 단어를 합쳐 만들었는데 프랑스어이기도 합니다. 'project'와 비슷하게 생겼지만 알파벳 'c'가 빠져 있고 '프로제'라고 발음합니다. 처음에는 '좋은데-' 하고 생각하며 지었는데, 포털 사이트에서 검색하면 브랜드 정보 대신 불어 사전이 먼저 뜹니다. 어쩐지 바꿀 타이밍을 놓쳐버린 게 아닐까 생각하지만 그만큼 알려지지도 않았습니다. 어쨌든 브랜드 이름을 고민하는 분이 있다면 말해주고 싶어집니다. "자신만의 새로운 단어를 만들어야 해요. 일반명사는 다시 생각해보세요… 검색을 꼭 해보시고요."

로고

브랜드 스토리가 잘 담긴 이름만큼 눈에 띄는 멋진 로고는 잘 만들어두면 이후에도 훌륭한 디자인적 도구가 되어줍니다. 브랜드를 상징하는 얼굴이 되기도 하고요. 어쩐지 평범해 보이는 디자인의 제품도 멋진 로고 하나로 뭔가 달라 보이는 일도 종종 있지요. 로고를 활용한 패키지도 쉽게 볼 수 있을 만큼 브랜딩에서 정말 큰 부분을 차지한다고 할 수 있습니다.

스니커즈 브랜드 '그라더스(GRADUS)'의 로고를 좋아합니다. 라틴어로 '걸음'을 뜻하는 브랜드 이름에서 자음만 딴 알파벳 'grds' 위에 둥근 아치가 그려져 있습니다. 제 눈에는 이것이 작은 언덕처럼 보여져, 이 브랜드의 신발을 신고 가벼운 걸음으로 언덕 위를 걷는 모습을 연상하게 됩니다. 작은 기호 하나만으로 브랜드의 제품과 그것을 착용한 모습까지 상상하게 되는 좋은 로고입니다.

가치관

브랜드가 추구하고자 하는 가치관을 잘 정립해두는 것이 좋습니다. 무엇을 지향하고 무엇을 지양

할 것인지 스스로 기준을 마련해두면 브랜드를 이끌어 가는 데 흔들림을 줄여주는 큰 힘이 되어주곤 합니다.

    'projet'에서 추구한 가치는 '있는 그대로의 자연스러움'입니다. 아름답기 위해 애쓰지 않고 과장하지 않겠다는 신조입니다. 디자인을 하고 소재를 선택하는 과정 또한 의식하지 않고 자연스럽기를 바랍니다. 어쩌면 물건을 만드는 일뿐만 아니라 제 삶이 그렇게 되기를 바란 것 같기도 합니다. 좋아하는 것을 스스럼없이 좋아하고 싶다는 마음입니다.

    컨셉

브랜드의 전체적 분위기를 설명할 수 있는 표현을 간명히 정합니다. "엘레강스하면서 페미닌한 무드에 모던하고 심플하지만 클래식함을 유지하는 디자인을…"이란 식으로 복잡하고 이해하기 힘든 컨셉을 요구하며 형용사만 잔뜩 늘어놓는 클라이언트를 짓궂게 표현한 글을 본 적이 있습니다. 온갖 있어 보이는 말을 합쳐놓는다고 좋은 컨셉은 아니겠죠. 물론 컨셉을 정확하고도 분명하게 표현하는 일은 저 역시 어렵다고 느낍니다.

애정하는 브랜드 중 위빙(weaving)과 도자기를 만드는 스튜디오 '블루아워(Blue Hour)'의 홈페이지에는 "Blue Hour라는 이름은 에릭 로메르의 영화 '레네트와 미라벨의 4가지 모험' 중 첫 번째 에피소드에서 따왔습니다."라고 적혀 있습니다. 설명을 더 쓰지 않아도 이 문장만으로 충분하다고 생각했습니다. 영화 속 장면만 떠올려도 브랜드 'Blue Hour'의 분위기가 설명되고 이름의 뜻도 알게 됐으니까요. 좋아하는 어떤 이미지를 떠올리고 그 이미지를 서술하는 것이 결국은 컨셉을 정하는 일이 아닐까 생각합니다.

타깃

어쩌면 브랜딩에서 가장 중요한 요소가 아닐까 싶은데요. 브랜드를 만들고 원하는 만큼 유지하려면 절대 판매를 빼놓고 이야기할 수는 없으니까요. 브랜드를 소비하게 될 타깃을 설정하는 일은 여러 방면으로 중요하게 작용합니다. 성별과 연령대 설정에서 그치지 않고 조금 더 깊숙이 들어가 소비자를 분석하면 좋습니다. 이때 약간의 상상력이 필요합니다. 이를테면 이런 식으로요. '평소 어떤 옷을 입고 어떤 음악을 즐겨 듣는 사람인지, 어떤 곳에 주로 가며 어떤 음식이나 음료를 자주 먹는지. 때로는 평소와 달리 색다른 패션이나 음식을 즐기기도 하는지… 그런 사람이 어떨 때

내 가방을 메거나 소품을 즐겨 쓸까?'처럼 아주 구체적인 대상을 상상해보길 권합니다.

전개 방향

앞으로 어떤 방향으로 브랜드를 이끌어갈 것인지도 고민합니다. 짧게는 한 시즌의 컬러나 소재 구성을, 길게는 만들고 싶은 전체 아이템 목록이나 시즌 구성을 생각합니다. 가격 구성을 어떻게 할지 부수적으로 생각하는 것도 좋겠습니다.

컬러나 소재는 시즌마다 다르게 구성하면서 전체적인 톤을 유지하는 방법에 대해 생각한다든지, 파우치나 손수건 같은 소품으로 시작해 의류 브랜드로 확장하는 방향에 대해 고민한다든지, 세컨드 라벨까지 정해두기는 힘들지만 고가 상품과 저가 상품으로 나눠 가격을 구성한다든지 등의 식으로 여러 가지 방향을 구상해보세요. 지금 말한 예시는 고민할 것들의 극히 일부일지도 모르겠습니다. 작은 것부터 하나씩 고민하고 결정하다 보면 자신이 만들고자 하는 세계의 방향과 가능성이 보일 겁니다. 차근히 짚어가 보세요.

2. 하나의 제품이 나오기까지
생산 과정 살펴보기

이미지 스크랩 ⟶ 스케치 & 디자인 ⟶

실크스크린 / 자수 등 후가공 ⟵

퀵 배송으로 이동

퀵 배송으로 이동

다시 봉제 공장에서 마무리 봉제

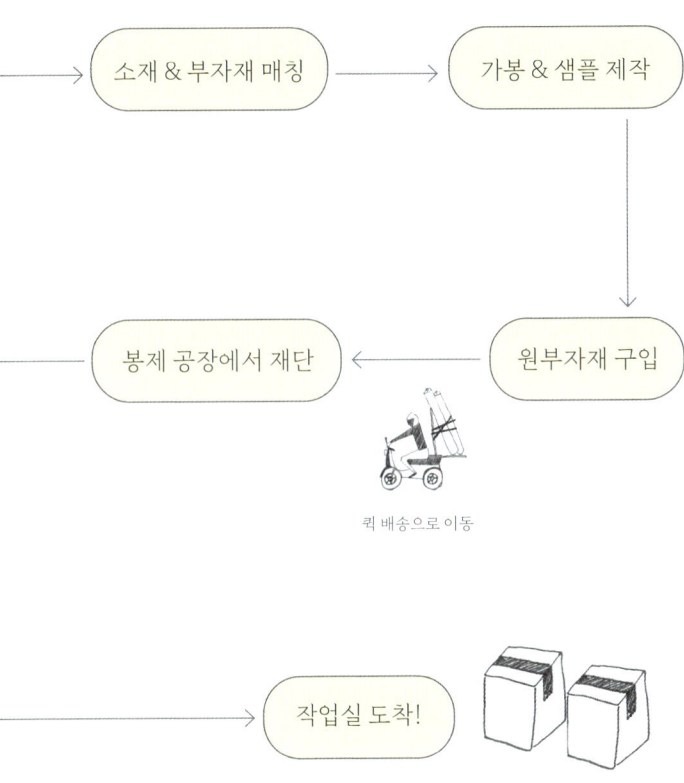

1장 브랜드를 준비하세요?

2장

원부자재 이야기 1: 섬유

좋은 요리를 만들려면 훌륭한 레시피도 필요하겠지만, 요리에 들어갈 각 재료의 맛을 정확히 알고 알맞은 재료를 적절히 사용해야 근사한 맛을 만들어낼 수 있겠죠. 좋은 물건을 만드는 일도 그렇습니다. 섬유는 패브릭 제품을 만드는 기본 재료입니다. 섬유로 무엇을 만들고 어떤 멋을 낼 수 있는지 알아두면 자신이 좋아하는 것을 더 잘 보여줄 수 있고, 조화롭고도 아름다운 물건을 만들어낼 수 있습니다.

1. 섬유가 무엇일까요?

섬유는 실이나 원단 같은 섬유 제품을 만들 수 있는 기본 단위의 재료입니다. 솜과 유사한 상태로 섬유 자체는 우리가 제품에 바로 사용하기 어렵습니다. 점-선-면의 원리를 생각하면 쉽습니다. 섬유는 점 상태인 것이죠. 섬유를 실로 만들고 염색 등 가공한 실을 다시 제직(製織) 또는 편직(編織)하는 과정을 거쳐 넓은 평면체 형태의 원단으로 만듭니다. 실의 단계를 거치지 않고 섬유 상태에서 바로 가공하여 부직포, 펠트와 같은 소재를 만들기도 합니다. 그렇다면 섬유, 실, 직물, 편물… 이게 다 무엇일까요?

텍스타일(textile)

직물만을 의미하는 용어였으나 현재는 섬유, 실, 직물, 편물 등을 가리키며 더 넓은 의미로 사용

패브릭(fabric)

텍스타일보다 좁은 의미로 섬유와 실을 제외한 옷감(원단). 직물, 편물, 레이스, 부직포 등을 가리키며 다른 말로 섬유 소재라고도 함

생지

제직이나 편직 후 가공되지 않은 상태. 생지 상태의 소재를 그대로 사용하는 경우도 있지만, 대부분 풀을 제거하는 발호(호발), 불순을 제거하는 정련, 색소를 제거하는 표백 등의 전처리 공정을 거쳐 사용

가공

제직이나 편직 후 거치는 염색, 워싱 등의 공정. 넓은 의미로 전처리, 후처리를 모두 포함하기도 함

섬유(fiber)
실을 만드는 기본 단위

실(yarn)
섬유를 나란히 배열하거나 꼬임을 주어 만든 것. 직물이나 편물을 만드는 재료

부직포, 펠트 등
실 단계를 거치지 않고 평면체 형태의 원단으로 만든 것. 경사와 위사 같은 방향성이 없음

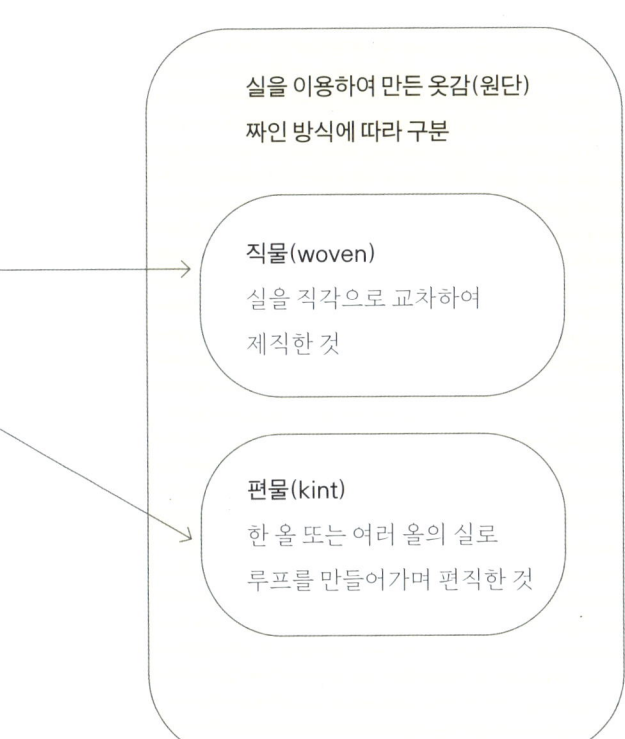

2. 섬유의 종류

1) 천연섬유

면(cotton)

목화 나무의 면화로부터 얻은 섬유입니다. 생산지에 따라 해도면(sea island cotton), 이집트면, 미육지면(American cotton), 중국면, 인도면 등 품종과 등급이 있기도 합니다. 우리나라에서 면섬유로 만들어진 옷감을 무명이라고 하기도 했습니다.

마(linen)

의류에 많이 쓰이는 아마, 모시를 만드는 저마, 삼베를 만드는 대마 등 여러 종류의 마가 있지만 통칭하여 마 또는 리넨이라고 부르는 경우가 많습니다.

견(silk)

누에고치로부터 얻은 섬유입니다. 누에가 뽑아낸 상태 그대로인 생사(raw silk)를 정련(불순물 제거) 가공해서 촉감을 부드럽게 하고 우아한 광택이 나도록 만들어 사용합니다.

모(wool)

양털에서 얻은 섬유입니다. 양모 섬유 외에 캐시미어, 카멜, 알파카, 앙고라 토끼 등의 털에서 얻은 헤어 섬유를 '울'이라고 부르는 경우도 있습니다. ('모피'는 모섬유와 다릅니다. '모피'는 털이 달린 동물의 가죽입니다.)

2) 인조섬유

레이온(rayon)

대표적인 재생섬유로 표면이 매끄럽고 광택이 좋습니다. 블라우스, 드레스, 란제리 등을 만들 때 많이 쓰입니다.

그 밖에 재생섬유로는 아세테이트, 큐프라, 리오셀 등이 있습니다.

나일론(nylon)

대표적인 합성섬유이자 최초의 합성섬유입니다. "강철보다 강하고 거미줄보다 가느다란 섬유"라는 말이 있을 만큼 마찰 마모 강도가 우수해 스타킹, 양말, 란제리, 스포츠웨어 등 무수히 많은 제품에 사용합니다.

폴리에스터(polyester)

나일론이 최초의 합성섬유라면 폴리에스터, 줄여서 폴리는 현재까지 가장 많이 생산되고 소비되는 섬유입니다. 나일론만큼은 아니지만 강도가 우수하고 탄성이 좋아 구김이 잘 안 가기 때문에 의복은 물론 많은 제품에 광범위하게 사용됩니다.

아크릴(acrylic)

양모와 유사하게 만들어진 섬유. 그래서 울과 섞어 사용하는 경우가 많습니다. 부드럽고 따뜻해서 스웨터, 담요, 카펫 등에 많이 사용합니다.

그 밖에 합성섬유로는 스판덱스, 폴리프로필렌 등이 있습니다.

+ 천연섬유, 인조섬유 외에도 유리섬유, 금속섬유, 탄소섬유 등을 포함한 무기섬유도 있고 계속해서 신소재가 개발되기 때문에 섬유의 종류는 무수히 많습니다. 이 책에서는 패브릭 제품을 제작할 때 알아두면 좋을 기본적인 섬유를 중심으로 정리합니다.

+ 혼방 소재란?
섬유를 한 가지 종류로만 100퍼센트 사용하지 않고 두 종류 이상의 섬유로 구성해 만든 것을 혼방 소재라고 합니다. 섬유를 혼방하는 이유는 여러 가지입니다. 내구성, 마찰 강도 등의 성능을 개선하기 위해, 또는 물세탁, 건조, 다림질 등 관리를 편하게 하기 위해, 또는 천연섬유와 인조섬유를 혼방하여 비용을 절감하기 위해 등 여러 가지 목적으로 혼방 소재를 만들어냅니다. 지금 자신이 입고 있는 옷이 어떤 섬유의 소재로 이루어져 있는지 궁금하다면 옷 안쪽을 살펴보세요. 왼쪽 옆구리 쪽에 달려 있는 케어 라벨의 '섬유 혼용률' 표기를 보면 알 수 있습니다.

3. 섬유 조각은 어떻게 모여 소재가 될까?

1) 섬유 소재의 구분

우리가 흔히 접하는 단어 '패브릭(fabric)'이 바로 섬유 소재를 가리키는 말인데요. 직물, 편물, 기타 소재가 여기에 포함됩니다. '섬유-실-섬유 소재' 단계에서 마지막 단계라고 할 수 있죠. (점-선-면의 원리를 기억하세요.) 다시 말해 솜과 유사한 상태였던 섬유를 실로 만들고, 다시 실을 이용하여 넓은 평면체의 원단(패브릭, 섬유 소재)으로 만드는 것입니다.

원단을 어떤 방식으로 짰는지 그 구조에 따라 직물(woven), 편물(knit), 기타 소재로 구분하는데, 많은 의류 브랜드의 디자인실에는 우븐 담당,

니트 담당 디자이너가 따로 있고 각 소재를 다루는 봉제 공장이 따로 있을 만큼 각각 다른 분야로 취급합니다.

① 직물(woven)

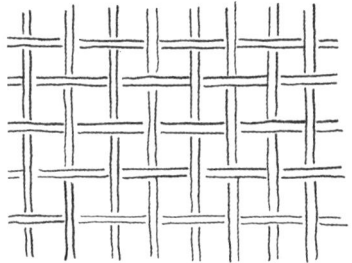

경사(날실)와 위사(씨실)가 직각으로 교차하여 짜인 원단을 직물이라고 합니다. 견우와 직녀 이야기에서 직녀가 베를 짜는 모습을 떠올리면 쉽겠습니다. 요즘 많이 접할 수 있는, 장신구나 인테

리어 소품을 만드는 위빙 클래스를 떠올려도 좋고요. 직녀가 만들어내는 옷감, 그리고 위빙 클래스에서 만들 수 있는 티 코스터, 매트 등이 바로 직물입니다.

② 편물(knit)

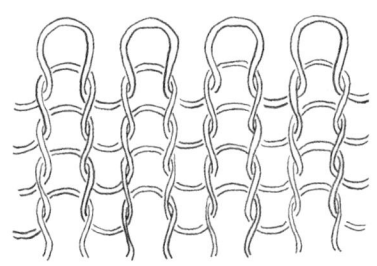

한 올 또는 여러 올의 실로 코(편환, 루프)를 만들어 전후좌우로 연결해가며 짜내는 원단을 편물 또는 편성물이라고 합니다. 여기서는 뜨개질, 크로

세(crochet) 클래스를 떠올리면 좋을 것 같아요. 코바늘로 실에 고리를 만들어가며 면적을 넓혀주는 작업이 편물을 만드는 일이죠.

③ 기타 소재

섬유-실-섬유 소재 과정을 거치지 않고(섬유를 실로 만들어 제직, 편직하는 과정 없이) 섬유 조각들을 모아 바로 평면체의 원단으로 만든 소재들이 여기에 해당합니다. 실이 없으니 조직이나 방향성이 일정하지 않은 것이 특징이죠. 부직포, 펠트, 샤무드(인공가죽) 등이 있습니다.

2) 직물을 사용하려면

앞서 설명한 것처럼 섬유 소재는 여러 종류로 구분되지만, 천가방, 손수건, 커튼, 침구 등 대부분의 패브릭 제품들이 직물로 만들어지기 때문에 이 책에서는 직물에 대해 더 자세히 알아보기로 합니다. 직물이 무엇인지, 어떻게 판매되는지 이해하는 것이 좋습니다.

① 직물 원단(woven fabric)

경사(날실)와 위사(씨실)를 일정한 순서에 따라 직각으로 교차시켜 넓은 평면체로 만든 원단을 가리킵니다. 직물을 짜는 것을 직조 또는 제직이라고 하는데요. 어떤 실을 경사와 위사로 사용했는지, 어떤 순서와 구조로 제직했는지, 얼마나 촘촘히 짰는지 등에 따라 다양한 형태의 직물이 됩니다. 직물의 이름은 처음 그 소재가 만들어진 지역이나 공장의 이름에서 유래하기도 하고, 활용 목적에서 비롯하기도 하며, 원단 시장이나 봉제 공장 같은 현장에서 사용하는 단어로 그 이름이 변형되기도 합니다.

② 경사와 위사

- 경사: 날실(warp yarn). 길이 방향의 실.
- 위사: 씨실(filling yarn). 폭 방향의 실.

직물을 사용할 때 경사와 위사의 방향을 구분하는 일이 중요한데요. 올 방향에 맞추어 재단, 봉제하지 않으면 옷의 옆 선이나 소매가 돌아가거나 가방이 뒤틀리는 현상이 생기기도 합니다. 또는 원단에 무늬가 있어서 그 사용 방향을 정할 때 경사와 위사의 방향을 일정하게 맞춰야 무늬가 어긋나지 않습니다.

③ 식서와 폭

• 식서(selvage): 직물 폭의 양쪽 가장자리 부분.

마찰이 많은 부분이기 때문에 제직 과정 중 늘어나거나 찢어지지 않도록 다른 원단을 덧대거나 조밀하게 제직하는 것이 특징입니다. 원단 생산 업체명이나 섬유혼용률이 표기되어 있기도 한데요. 보통은 재단할 때 방향만 확인하고 잘라낸 후 사용하지만 유난히 식서가 예쁜 원단들이 있어 셀비지 데님 바지처럼 식서를 살린 디자인을 종종 볼 수도 있습니다.

- 폭: 식서의 반대 방향. 위사 방향.

원단을 제작할 때 두루마리 휴지처럼 심을 넣어 짠 후, 돌돌 말아 하나의 롤로 만드는데요. 이 롤이 세워진 상태의 키가 '폭'이라고 생각하면 쉽습니다.

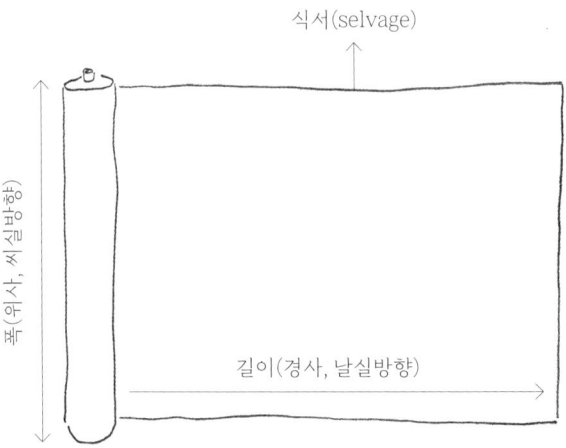

④ 원단 스와치 보는 방법

원단 시장에서는 길이 방향으로 롤을 풀어 야드(마) 단위로 잘라서 판매합니다. 이때 가격과 폭의 너비 등 원단의 정보가 담긴 스와치(소재 견본)를 살펴보는 것이 좋습니다.

• 가격
스와치에는 1야드(마)당 가격을 표기하며 '@ / ₩' 같은 기호를 사용합니다. 예를 들어 '@5,000' 또는 '₩5,000'처럼 적혀 있다면, 2야드에 10,000원의 가격이 되는 것이죠.

• 폭
길이 방향의 반대, 롤의 키가 되는 폭은 인치(inch / ")로 표기하며, 44" 정도면 소폭 원단, 58-60" 정도면 대폭 원단이라고 합니다.

• 원단 이름

원단을 판매하는 업체에서 자체적으로 붙인 제품명을 확인해야 합니다. 원단을 주문할 때 스와치에 적힌 이름으로 불러야 하는데 이 이름은 앞서 이야기한 섬유의 종류와는 다른, 그 업체만의 이름입니다.

• 원단 업체

원단 시장이라 불리는 동대문 종합 상가는 매우 크고 복잡합니다. 상가의 동도 많고요. 그래서 다시 찾아가거나 전화로 주문하려면 꼭 스와치가 있어야 하는데요. 만약 스와치에 '00직물 A동 1234호'라고 적혀 있다면, 00직물의 주소는 'A동 1층 234호'가 됩니다.

+ 원단 크기를 말할 때는 야드, 마, 센티미터, 인치 등 여러 가지 단위를 사용하니 헷갈리지 않도록 주의해야 합니다. 저는 인치를 계산하는 것이 어려워서 원단 롤 키를 제 키와 비교해 가늠하곤 하는데요. 이를테면 제 키는 161센티미터인데, 제 키랑 비슷하면 대폭, 가슴 높이쯤 오면 소폭 원단으로 생각하는 것이죠.

* 1야드(yard) = 1마 = 약 90센티미터(cm)
* 1인치 = 2.54센티미터

3) 직물의 조직

직물을 자세히 들여다보면 어떤 결이 보입니다. 이 결에 따라 소재의 광택이나 흐르는 느낌이 달라지기도 하고요. 직물의 결은 실이 이리저리 교차하면서 자연스럽게 만들어지는데, 이렇게 직물을 구성하는 경사와 위사가 교차하는 것을 '조직(weave)'이라고 합니다. 이 조직에 따라 직물의 결이 생기는 것이죠.

같은 실을 사용하더라도 조직을 다르게 하면 직물마다 외관, 강도, 광택, 내구성, 용도, 질감, 가격 등 많은 부분이 달라집니다. 직물의 조직은 무제한이라고 할 만큼 많은 종류가 있지만, 일반적으로 가장 많이 사용하는 기본 조직은 평직, 능직, 수자직입니다. 이것을 삼원조직이라고 합니다. 다른 조직들은 이 기본적인 삼원조직을 응용, 변형, 조합, 반복해서 만드는 것이죠. 삼원조직을 비롯한 몇 가지 조직을 직물 종류 예시와 함께 알아봅시다.

① 평직(plain weave)

가장 간단하고 많이 사용하는 조직입니다. 경사와 위사가 한 올씩 상하 교대로 교차합니다. 조직점(교차점)이 많아서 내구성이 강하고 실용적입니다. 제직 과정은 단순하지만 색사를 사용하여 스트라이프, 체크 패턴을 만들거나, 위사와 경사의 실을 다르게 사용하여 표면 질감을 다양하게 만들 수도 있습니다.

• 평직 직물: 거즈, 광목, 캔버스, 옥스포드, 시폰, 깅엄 등

② 능직(twill weave)

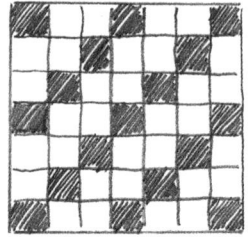

경사 또는 위사가 한두 올씩 또는 그 이상의 올이 교차합니다. 그래서 경사와 위사가 겹쳐진 교차점들을 이어보면 사선 방향으로 능선이 나타납니다. 이 때문에 이 능선을 사문선이라고 하기도 하고 능직을 사문직이라고 하기도 합니다. 빽빽하게 짜이는 평직물보다 실의 자유도가 높아 구김이

덜 가고 표면 광택이 좋기 때문에 드레시(dressy)한 느낌을 줍니다.

- 능직 직물: 개버딘, 데님, 해링본 등

③ 수자직(주자직, satin weave)

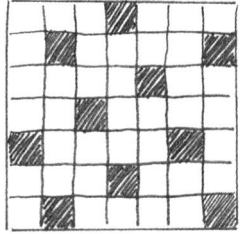

경사와 위사가 교차하는 조직점이 서로 띄엄띄엄 떨어져 있고 그 수도 적습니다. 그래서 비교적 내구성도 약하고 강도도 낮지만 표면이 매끄럽고 광택이 좋아 블라우스나 란제리 등에 주로 사용됩니다.

- 수자직 직물: 목공단(cotton satin), 공단(satin) 등

④ 기타 조직

- 파일직(pile weave)

짧은 섬유가 털처럼 바닥 직물의 표면에 수직으로 서 있는 직물을 말합니다. 파일 직물을 만들려면 바탕이 되는 바닥 경사와 바닥 위사 외에 제3의 실이 필요한데, 이것을 파일사(pile yarn)라고 합니다. 파일사를 자르느냐(컷 파일), 고리모양으로 두느냐(루프 파일)에 따라 표면의 형태가 달라집니다.
- 컷 파일(cut pile): 벨벳, 코듀로이 등
- 루프 파일(loop pile): 타올(테리, terry cloth) 등

- 문직물(figured cloth)

제직 과정에서 실로 무늬를 넣어 만든 직물입니다. 실크스크린이나 디지털프린트처럼 후가공으로 무늬를 만드는 것과 달라요. 실로 짠 카펫의 다양한 무늬를 생각하시면 됩니다.

- 도비직(dobby weave) : 점과 같은 간단한 모양이나 무늬를 표현한 직물. 버즈아이, 와플 등
- 자카드직(jacquard weave) : 도비직기로 표현할 수 없는 더 섬세하고 복잡한 무늬를 표현한 직물. 자카드, 브로케이드 등

+ 이 밖에도 셀 수 없이 다양한 조직의 종류가 있고 각 조직마다 분류되는 직물도 많이 있습니다만, 이 책에서는 일상에서 쉽게 접할 수 있는 대표적 직물을 예시로 정리합니다.

4. 패브릭 제품에 많이 사용하는 섬유 소재

패브릭 제품에 사용하는 소재는 셀 수 없이 많습니다. 원단 시장에 나가만 봐도 알 수 있어요. 직물학이나 소재학을 다룬 전공 서적들을 봐도 알 수 있고요. 하지만 이 제품엔 꼭 이 소재를 써야 하고, 저 제품엔 꼭 저 소재를 써야 한다는 식으로 정해진 법은 없습니다. (물론 생산 과정을 직접 겪어 보면 '아, 이래서 사람들이 이 제품에 이 소재를 안 썼나 보구나' 하는 생각이 들게 하는 소재들이 있기 마련이지만요.) 이 책에서는 제가 제품을 만들 때 다룬 소재나, 제품을 만들진 않았지만 그저 예뻐서 사보았던 소재, 또는 언젠가 다뤄보고 싶은 흥미로운 소재들을 주관적으로 골라 이야기하려고 합니다. 그래서 어쩌면 분류가 제멋대로이고 패브릭 관련 전문서적과는 다른 이야기를 할지도 모르겠습니다. 그렇지만, 같은 소재를 두고 서로 다른 생각을 하는 사람들이 많고, 해당 소재로 만들고 싶은 제품도 각자 다른 경우가 훨씬 재미있을 거라고 생각합니다.

자연스러운 분위기의

- 광목(muslin)
- 리넨(linen)
- 옥스포드(oxford)
- 캔버스(canvas)
- 데님(denim)

광목(muslin)

빛이 바랜 듯한 광목 특유의 색과 느낌을 좋아합니다. 가끔 보이는 목화 부스러기나 애써 반듯하게 만들지 않아 생긴 자연스러운 주름도 좋아하고요. 광목이라고 해서 전부 똑같은 색이나 질감이 아닌 점도 좋습니다. 풀을 먹인 것과 아닌 것, 목화 부스러기를 제거한 것과 아닌 것, 표백을 한 것과 하지 않은 것 등 각각의 미묘한 차이와 그 차이를 발견하는 일이 즐겁습니다. 사실 세탁을 하고 나면 처음의 느낌은 온데간데 없고 어쩐지 허름해져 버리고 마는 것이 광목입니다만. 그 모습도 그런대로 좋습니다.

다른 원단에 비해 값이 저렴한 점도 광목을 사용하는 좋은 이유가 되기도 합니다. 그 때문에 천가방이 지금처럼 상품으로 활발하게 제작되기 이전부터 광목은 참 다양한 곳에 쓰여왔습니다.

의류 가봉용으로 쓰이거나, 증정이나 배포를 위한 대량 기획 상품을 만드는 용도 등으로 말이죠. 이전에는 순전히 싼값 때문에 쓰여왔다면 이제는 광목 고유의 느낌이 하나의 멋으로 자리잡아 수수하고 자연스러운 분위기를 내는 제품에 다양하게 쓰이고 있습니다.

+ 평직의 대표적 면직물. 표백, 염색 등의 가공을 하지 않아 누런색을 띠고 목화 부스러기가 간간히 보입니다. 용도에 따라 발호, 정련, 표백 등의 전처리 공정을 거치기도 합니다. 천가방, 주머니, 손수건, 커튼, 침구 등에 쓰입니다.

* 발호(호발) : 풀을 제거하는 가공.
* 정련 : 불순을 제거하는 가공.
* 표백 : 색소를 제거하는 가공.

리넨(linen)

시원한 리넨 바지가 입고 싶어지면 여름이 온 것을 실감하게 되죠. 반대로 리넨 바지 사이로 들어오는 바람이 차갑게 느껴지면 여름이 끝나가는구나 생각합니다. 여름이면 옷장에서 리넨 바지를 찾고, 가을이면 트렌치 코트를, 겨울이면 패딩 점퍼를 꺼내고… 계절이 바뀔 때마다 그 소식을 소재가 알려주는 것 같아 재미있습니다.

 바람이 잘 통하고 시원해 여름용 옷감에 사용하기 좋은 리넨을 사계절 즐기고 싶다면 키친 클로스(kitchen cloth)로 만들어두는 것도 좋습니다. 냅킨, 테이블보, 티(tea) 매트, 앞치마 같은 것으로요. 물에 젖어도 빨리 마르니까 부엌에서 사용하기에 좋기 때문이죠. 리넨은 사용할수록 구김이 잘 가지만 그런대로 멋있습니다. 이렇게 생각하는 저와 달리 '꼬질해진다'며 리넨을 별로 좋아하지 않던 친

→ <u>〈린넨 슬라브〉</u>
린넨 60% + 레이온 40%
53-54"
#9.—

린넨 55% + 코튼 45%
#6,500
↑

← 〈마직 2 트윌〉
53-54"
#7,500

린넨 55%
+ 코튼 45%

〈아사면 ①〉
#6.—
린넨 50%
면 45%
인견 5%

↓
〈린넨 애쉬?〉
53-54" W.4,500
린넨 65% 면 25%
기타 10% ??

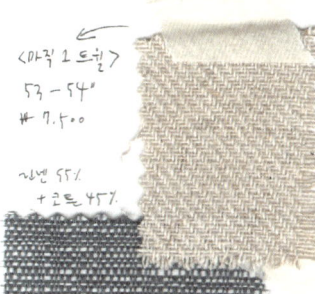

구가 떠오릅니다. '꼬질'이라는 표현이 거슬렸지만, 그게 또 맞는 말이라 웃어버린 기억이 납니다. 곱게 다린 리넨 정장의 정갈함을 떠올리며 '다림질 잘하면 이게 얼마나 고급스러운데…' 하고 속으로만 리넨 편을 들어줬습니다.

+ 대표적인 여름용 소재로 질감이 거칠고 뻣뻣합니다. 면이나 다른 섬유를 혼방하여 성능을 개선하거나, 주름방지 가공을 통해 관리가 쉽도록 만들어 사용하기도 합니다. 일반적으로 의류나 침구에 쓰이는 아마를 리넨으로 부르지만, 마 섬유에는 여러 종류가 있습니다.

* 아마 : 마 섬유 중 가장 섬세함. 여름용 옷감, 침구 등으로 많이 사용.
* 저마 : 모시를 만들 때 사용.
* 대마 : 삼베, 자루 등을 만들 때 사용.

옥스포드(oxford)

앞에서 직물이 무엇인지를 설명하면서 '직물의 이름은 처음 그 소재가 만들어진 지역이나 공장의 이름에서 유래하기도 하고…'라고 썼는데요. 옥스포드가 그렇습니다. 영국에서 처음 만들어진 이 직물은 당시 제직 공장들 사이에서 옥스포드 대학이 유명했기 때문에 붙여진 이름이라는 설과 단순히 옥스포드 대학생들 사이에서 이 직물로 만든 셔츠가 유행했기 때문에 붙여진 이름이라는 설 등 그 유래가 많고 하나하나 상상해보면 무척이나 재미있습니다. 어쨌든 그런 연유 때문인지 옥스포드는 정말 셔츠감으로 많이 쓰입니다. 다른 면직물보다 튼튼하기 때문에 오래 입어도 손상이 적어 캐주얼 셔츠로 많이 만들어집니다. 이렇게 생각하면 왜 그 당시 학생들이, 그리고 지금까지도 많이 입었는지 알 것 같죠. 그런 캐주얼한 느낌을

살려 요즘에는 침구로도 종종 만들어지는데 쫀쫀하게 짜인 원단을 떠올리면 쉽게 건조될 것 같진 않지만, 강한 세탁에도 잘 닳아지지 않을 테니 좋은 사용 예라고 생각합니다.

+ 일반적인 평직물보다 튼튼한 이유는 '변화평직 – 바스켓직'이라는 다른 직조 방식으로 원단을 제직하기 때문입니다. 마치 바구니를 짜듯 두 올 또는 그 이상의 올을 그룹 지어 평직을 구성합니다.

+ 천가방에는 10~20수 원단을 주로 사용하고, 캐주얼 셔츠에는 30수, 정장 셔츠에는 40수 이상의 원단을 사용합니다. 여기에서 '수'란, 실의 꼬임 정도를 이야기하는데 수가 높을 수록 표면이 섬세합니다. 피부에 닿는 질감이 중요한 이불 브랜드 등에서 "100수 이집트산 면!" 같은 표현을 발견할 때가 있죠.

캔버스(canvas)

사실 저는 캔버스와 옥스포드를 쉽게 구별해내지 못합니다. 같은 직조 방식으로 원단이 짜이기 때문에 얼핏 보기에는 외관이 무척 유사하기 때문이죠. 그래서 저는 단면 두께를 보고 두꺼운 것은 캔버스, 아닌 것은 옥스포드로 구별합니다. 오래 전 신설동의 어느 캔버스집 사장님이 구별하는 방법을 알려주셨는데 전문 용어를 채 알아듣지 못하고, 뒤로 돌아서니 잊어버리고 말았습니다. 때로는 원단집마다 다르게 말씀하시기도 해서 무척 헷갈립니다. 제 눈에는 옥스포드로 보이는 것을 캔버스라 하시고, 제법 두꺼워 캔버스인 줄 알았더니 스와치에 옥스포드라고 적혀 있었거든요. 아무튼, 그 후로 저는 캔버스를 살 때에는 동대문 종합상가보다는 신설동 시장[+]에 가는 쪽을 선호합니다. 가방용, 운동화용 캔버스가 훨씬 많아 이것

이 캔버스로군, 하고 바로 알 수 있기 때문이죠. 만약 누군가 저에게 캔버스에 대해 물으면 주저 없이 신설동 시장에서 얻어온 스와치를 보여줄지도 모릅니다.

+ 옥스포드와 마찬가지로 '변화평직 – 바스켓직'으로 직조하면서 두꺼운 실을 사용하여 다른 패브릭에 비해 훨씬 튼튼하고 질깁니다. 돛, 덮개, 천막, 가방, 신발 등 마찰이 많이 생길 수 있는 곳에 주로 사용합니다.
+ 캔버스의 두께에 따라 일반 천가방 공장(주로 얇은 원단을 취급하는)에서는 봉제가 어려운 경우도 있습니다. 만약 캔버스를 사용하여 가방을 만든다면 봉제 가능 여부를 공장에 미리 확인해 보는 것이 좋습니다.
+ 신설동 시장 : '신설동'이라고 많이 불리지만 실제 주소지는 서울 종로구 숭인동의 시장입니다. 6호선 동묘앞역과 2호선 신설동역 사이의 동네로 가죽, 캔버스, 부자재를 취급하는 업체가 모여 있습니다.

데님(denim)

'아페쎄'라고 발음하는 프랑스 브랜드 'A.P.C.'를 아시나요? 간결한 디자인과 자연스러운 분위기로 무심해 보이지만 어딘가 멋스러운 파리지앵의 모습이 떠오르는 브랜드인데요. 여러 시그니처 제품들이 있지만 그중에서도 이 브랜드의 데님 천 가방이 크게 유행한 적이 있습니다. 그때 처음 데님이라는 소재에 관심을 갖게 된 것 같습니다. 데님이 재미있는 점은 일반적인 평직 면직물과는 다르게 서로 다른 두 가지 색의 실을 사용한다는 것인데요. 파란색 실이 표면에 보이고 흰색 실이 밑으로 숨겨지는 식으로 원단을 제직합니다. 찢어진 청바지의 풀어진 실들이 흰색인 이유가 그 때문인 거죠. 데님 워싱 가공은 표면의 파란색 실의 물을 빼는 가공이고요. 여기서 친구들의 일화가 떠오릅니다. 제품 생산 때마다 워싱 톤이 달라 고

Denim

→ 더 진한 것도 있어요.

⟨인디고 블루⟩
청 NO 스판 /58"
₩6,000 - 6,500

생했던 데님 담당 디자이너의 이야기, 워싱 가공을 하지 않은 채로 생산을 맡겼다가 봉제 공장 선생님들의 손가락이 파랗게 물들었다며 항의(?) 전화를 받았던 또 다른 친구의 이야기 같은 것들이요. 저는 아직 사용해본 적 없지만 만약 데님 가방을 만든다면 이염이나 탈색을 조심하라는 친구들의 조언도 떠오릅니다.

+ 경사(날실)를 인디고 블루로 염색하고, 위사(씨실)는 표백하여 제직합니다. 경사가 표면에 드러나는 능직 구조로 원단 표면에 능선이 보이기도 합니다. 낡은 데님이 더 밝게 보이는 이유는 표면에 보이는 경사가 닳아지면서 위사가 점점 드러나기 때문입니다. 워싱도 같은 원리입니다.
+ 의류가 아닌 제품을 만든다면 면 100퍼센트의 데님을 사용하는 것이 좋습니다. 스판덱스가 1, 2퍼센트만 혼용되어도 스키니진처럼 늘어나는 특성이 생기거든요.

홈웨어에 어울리는

- 시어서커(seersucker)
- 테리(terry)
- 와플(waffle)
- 거즈(guaze)
- 라미네이팅 코팅 원단(친환경 방수 원단)

시어서커(seersucker)

옷을 공부하던 대학 시절에는 '시어서커'라고 하면 '랄프 로렌'이나 '타미 힐피거' 같은 아메리칸 클래식 풍의 명품 브랜드들이 떠오르곤 했습니다. 두 브랜드에서 여름이면 어김없이 시어서커 셔츠를 만들어왔고, 소재를 활용해 시즌을 기획해보는 수업에서도 그 브랜드들을 예시로 배웠거든요. 그런데 천가방을 만들고 홈 웨어에 관심을 갖기 시작한 뒤로는 다른 이미지로 시어서커를 기억하기 시작했습니다. 몇 해 전, 라이프스타일 브랜드 '무인양품'에서 시어서커 소재로 침구 세트를 선보인 적이 있습니다. 그 후기가 무척 좋고 판매도 잘 됐다고 들었는데요. 여름용 침구이니 시원한 건 물론이고, 울퉁불퉁한 표면 때문에 더운 여름 밤에도 피부에 달라붙지 않는다고요. 그 후로는 여름용 셔츠감 정도로만 여겨왔던 시어서커

가 침구나 천가방으로 꼭 만들어보고 싶은 소재가 되었습니다.

+ 길이 방향으로 울퉁불퉁한 주름이 있는 표면과 평평한 표면이 일정 간격으로 번갈아 반복되는 스트라이프 패턴의 직물입니다. 직물 자체에 주름이 져 있기 때문에 다림질이 필요 없고 관리가 쉽습니다. 가볍고 시원해 여름용 옷감으로 많이 쓰였고 최근에는 침구로도 많이 사용합니다.

테리(terry)

타월(towel)을 만드는데 많이 쓰여서 타월지라고 부르기도 합니다. 환갑이나 칠순잔치, 돌잔치 기념 또는 체육대회 기념 같은 문구가 새겨져 어떤 행사의 답례품으로 받은 수건이 집집마다 한두 장씩은 있지 않나요? 요즘은 답례품이 아니더라도 일러스트레이터나 그래픽 디자이너의 제작 상품 중 하나로 타월을 만들기도 하더라고요. 의류나 가방을 제작하듯이 시장에서 원단부터 사서 공장에 맡겨야 하는 줄 알았더니 이런 작업을 주로 하는 판촉물 제작 업체가 따로 있다는 사실을 얼마 전에야 알았습니다. 업체에서 보유한 타월 중 한 가지를 고르고 그 위에 실크스크린을 찍거나 자수를 놓는다고요. 디자이너나 작가의 콘텐츠 작업도 좋아하지만, 그들이 만든 '굿즈'를 무척 좋아하는 저에게는 마치 새로운 세계가 열린 것 같았습

니다. '굿즈의 세계는 어디까지일까'라고 말이죠.

+ 파일직 중에서도 표면에 작은 고리가 있는 것이 특징인 루프 파일의 대표 직물입니다. 흡습성이 좋기 때문에 타월, 실내복, 운동복 등에 많이 사용합니다.

와플(waffle)

직물의 이름을 지은 이유 중 어쩌면 가장 귀여운 이유가 아닐까 생각하는 소재입니다. 맞습니다, 먹는 와플처럼 생겨서 붙여진 이름이에요. 와플처럼 표면에 벌집 모양을 만들어 짠 원단이죠. 호텔에서 나이트가운을 입고 있는 것을 좋아하는데요. 어느 호텔이든 어떤 가운이든 입고 있으면 어쩐지 고급스러운 곳에 휴양 온 것 같은 기분이 들어 좋습니다. 이 나이트가운의 대부분이 와플 소재 또는 테리 소재로 만들어집니다. 만약 호텔에서 가운을 입는다면 소재를 한번 들여다보세요. 작고 귀여운 크기의 와플이거나 테리일 가능성이 큽니다.

+ 표면에 벌집 모양을 만들면서 입체감을 주기 때문에 포근하고 폭신합니다. 그래서 침구나, 커튼, 매트, 가운 등 홈

패션에 주로 사용됩니다. 표면에 보이는 벌집 모양 크기는 다양한데, 크기가 큰 것은 주로 바닥용 메트로 사용하고, 작은 것은 주로 침구나 의류에 사용합니다.

거즈(guaze)

아주 얇은 홑겹의 의료용 거즈보다는 여러 겹으로 엮은 상태의 거즈에 대해 이야기하려 합니다. 아기들 가제수건이나 주머니 등 얇고 가벼운 소품을 만들 때에는 두 겹이나 세 겹을 포개 면과 면 사이사이를 엮은 이중 거즈, 삼중 거즈가 주로 쓰이는데요. 얇고 성글기 때문에 시원하고, 여러 겹으로 엮었기 때문에 포근해서 여름용 이불로 만들기에도 좋습니다. 제가 흥미로워 하는 쪽은 거즈 중에서도 '요루거즈'라는 원단입니다. 이중 또는 삼중 거즈이면서 표면이 쪼글쪼글하게 주름 져 있는 것이 생긴 것도 재미있고 어떤 가공을 한 걸까 궁금해집니다. 이 '요루'라는 말도 어디서 온 말일까 알쏭달쏭하기도 하고요. 아무튼 원단 시장을 다니며 알게 된 이 원단을 덴마크의 라이프스타일 브랜드 'HAY' 스토어에서 봤을 때는 괜히 더 반가운

마음이 들었습니다. 그곳에서는 요루거즈로 만든 무릎 담요를 판매하고 있었습니다. 어디에서 시작된 건지는 모르겠지만 여러 브랜드에서 유행처럼 홈 패브릭 제품으로 많이 쓰이고 있었죠. 사실은 오래전부터 쓰여왔지만 최근 들어 주목받는 것일지도 모르겠지만요.

+ 밀도가 낮고 매우 헐겁고 성근 조직의 평직물입니다. 아주 오래전 실크 직조로 유명했던 중동의 가자(Gaza)에서 처음 만들어져 거즈라는 이름이 붙었다고 합니다. 이제는 실크를 대신해 면으로 많이 만들어집니다. 투명에 가까울 정도로 얇고 가볍습니다. 홑겹의 의료용 붕대도 거즈의 일종입니다.

라미네이팅 코팅 원단(친환경 방수 원단)

얇은 필름 같은 비닐이 코팅된 원단을 한 번쯤 본 기억이 있을 겁니다. 이를테면 어린 시절 사용했던 수저통이나 필통, 토시, 앞치마 같은 것으로요. 단단하고 질긴 PVC와는 또 다른 질감의 코팅 원단입니다. 주로 아기자기한 패턴이 그려진 원단이나 편안한 분위기의 리넨 원단의 한쪽 면은 코팅이 되어 있고, 반대쪽 면은 코팅이 되어 있지 않아 원래의 원단 질감을 드러낸 경우들이 있습니다.

대학 시절 축제 기간에 친구들과 이 원단으로 주머니를 만들어 팔아보려 했던 적이 있었습니다. 그런데 포개 놓은 원단 두 겹에 착착 바늘이 꽂혀 예쁘게 봉제되지 않고 어쩐 일인지 한 겹이 자꾸 밀리더니 너덜너덜 이상한 모양새가 되어갔습니다. 결국 포기하고 다른 원단으로 주머니를 만들었는데, 나중에 선배한테 듣기로는 미싱의 노

A동 2층

라미네이팅 코팅

친환경 방수원단
56-58" (도폭포함)

← 코팅 부분
  비닐느낌

일반면 부분
↓

루발 밑에 있는 톱니 부분에 비닐 코팅이 닿지 않도록 종이를 깔고 봉제해주면 된다고 합니다. 그 이후로는 직접 봉제해본 적이 없어서 그게 정확한 방법인지 확실히 알 수는 없지만 시도해봐도 좋을 듯합니다.

+ 원단에 코팅된 필름, 비닐의 종류는 무척 많고 그 질감과 두께도 다양합니다. 이 책에서 이야기한 원단은 친환경 코팅 방수 원단입니다. 턱받이, 토시, 앞치마, 테이블 매트, 피크닉 매트, 생리 패드 등 생활 방수가 필요한 제품에 쓰입니다. 주로 홈, 리빙 쪽 원단을 취급하는 곳에서 구입할 수 있습니다. 이 원단을 판매하는 곳에서는 '친환경', 'KC인증'과 같은 말들을 볼 수 있는데, 피부에 많이 닿는 제품에 사용하는 경우가 많으므로 안전한 소재임을 강조하는 것이죠.

무늬가 있는

- 헤링본(herringbone)
- 트위드(tweed)
- 깅엄(gingham)
- 마드라스(madras)
- 글렌(glen)
- 타탄(tartan)
- 하운드투스(hound tooth)

헤링본(herringbone)

+ 능직에 변화를 주어 사선 방향을 바꿔가며 제직한 원단입니다. 방향을 바꾸는 과정에서 지그재그 무늬가 생기는데, 마치 생선 정어리(herring)의 등뼈와 비슷하게 생겼다고 해서 붙여진 이름입니다. 주로 재킷이나 코트 등 외투에 쓰인 경우를 많이 보실 수 있을 거예요.

데님 헤링본
스판 X. cotton 100%.
58" ₩6,500

③

W60 / N20 / P10 / A10
58-60" ₩7,000 D 등 3층

wool herringbone
W50 / P50 / 58"

→ W30 / P70
58" ₩7,600
※ D 등 3층

트위드(tweed)

+ 색이나 모양이 다른 두 가지 이상의 실을 혼합하여 직조한 원단입니다. 정통의 트위드는 양모(wool)실로 짠 도톰한 느낌의 겨울 외투용 소재이고, 능직을 뜻하는 트윌(twill)의 스코틀랜드어 'tweel'에서 온 이름입니다. 하지만 현재는 평직과 능직을 넘나들며 직조하고, '샤넬'의 트위드가 유명해져 전통적인 타입 외에 모든 트위드를 총칭하게 되었습니다. 샤넬의 트위드도 정확히는 '팬시 트위드(fancy tweed)'라는 트위드 종류 중 하나인데, 많은 사람들이 '트위드' 하면 샤넬의 트위드를 먼저 떠올리곤 하죠.

깅엄(gingham)

+ 격자무늬의 평직구조 면직물입니다. 경사로 색사를, 위사로 표백사를 사용하여 제직하는 것이 보통이지만, 나염(날염)으로 무늬를 표현하기도 합니다.

마드라스(madras)

+ 인도의 마드라스 지역에서 손으로 짠 면직물로 불규칙한 배열과 화려한 색상이 특징입니다. 현재는 기계로 제직하며 유사한 무늬의 직물을 마드라스 체크라고 합니다. 원단 시장에서는 '폴로셔츠 체크' 또는 '인도 체크'로 부르기도 합니다.

글렌(glen)

+ 스코틀랜드의 어쿼트 성(Urquhart Castle)이 있는 그레이트 글렌(Great Glen. 대협곡) 부근에서 처음 만들어져 이런 이름이 붙었습니다. 글렌 어쿼트 체크라고도 하지만 글렌체크라고 더 많이 부릅니다. 작은 체크무늬가 모여 큰 체크무늬를 이룹니다.

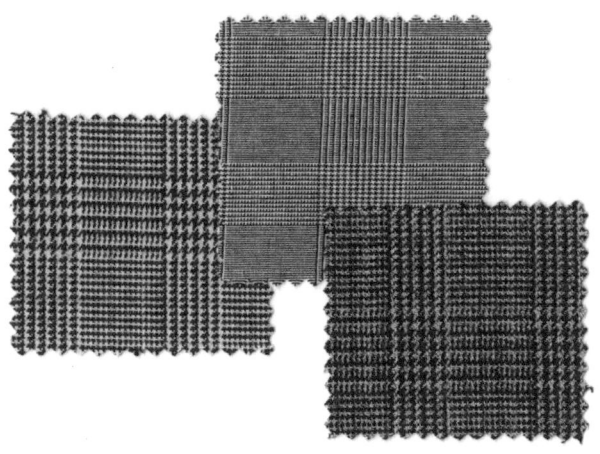

타탄(tartan)

+ 스코틀랜드 전통 무늬. 각 가문을 구분하기 위해 고유한 무늬를 만들어 제직하게 되면서 생겨났습니다. 타탄 체크, 스카치 체크(scotch check)라고 부릅니다.

하운드투스(hound tooth)

+ 주로 검정색과 흰색 실로 별 모양 무늬를 반복해 격자 무늬를 만든 직물입니다. 별 모양이 마치 하운드 개의 이빨 자국처럼 생겼다고 해서 하운드투스(hound tooth) 또는 도그투스(dogtooth)라고도 합니다.

은은한 실루엣을 위한

- 시폰(chiffon)
- 오간자(organza)
- 메쉬(mesh)

시폰(chiffon)

시폰 블라우스나 원피스 한 장 가지고 있지 않고 제품으로 만들어본 일도 없는 소재이지만, 하늘하늘거리는 그 모습이 예뻐 누군가는 계속 제품으로 만들어줬으면 하는 소재입니다. 이상한 마음이죠. 오래전에 본 발레 공연에서 발레리나들이 두른 스커트를 보고 이런 마음이 든 것 같아요. 학생들의 작은 공연이었는데 작고 여린 나비들이 무대 위를 날아다니는 것 같았습니다. 너무 얇아서 봉제하느라 힘들었다는 것만 친구에게 들어서 알고 있습니다. 그래도 언젠가 시폰으로 옷을 만들게 된다면 발레리나를 위한 무용복을 만들어보고 싶습니다. 언젠가는 말예요.

+ 매우 얇고 가벼우며 부드러운 견직물입니다. 원래는 견(silk)으로 제직했으나 가격을 낮추기 위해 요즘에는 혼방

소재나 합성소재를 사용합니다. 원단 너머로 실루엣이 비치는 것이 특징입니다. 블라우스, 드레스, 스커트, 란제리, 스카프 등에 주로 사용합니다.

오간자(organza)

무대의상을 만들어보는 워크숍에 참여한 적이 있었습니다. 무대에서 돋보일 만한 풍성한 드레스를 만들었는데 볼륨감을 주기 위해 여러 겹의 오간자를 겹쳐서 사용했습니다. 건조하고 뻣뻣해서 축 늘어지지 않으니 원하던 연출을 할 수 있었습니다. 오간자는 그런 소재입니다. 바삭하고 빳빳한… 이 촉감을 '고시감'이라고 표현하기도 합니다. (사전에는 없는 말인데, 저는 전공 교수에게 들은 말이거나 디자인 사무실에서 배운 말로 기억합니다. 일본어 표현에서 온 말이라는 설도 있고요.) 오간자를 좋아하는 친구는 특유의 '고시감' 때문에 오간자가 좋다고 합니다.

　최근에는 제가 좋아하는 브랜드에서 오간자로 만든 천가방을 봤습니다. 얇은 오간자 덕분에 속이 투명하게 비치는 모습이 꼭 공기를 머금은

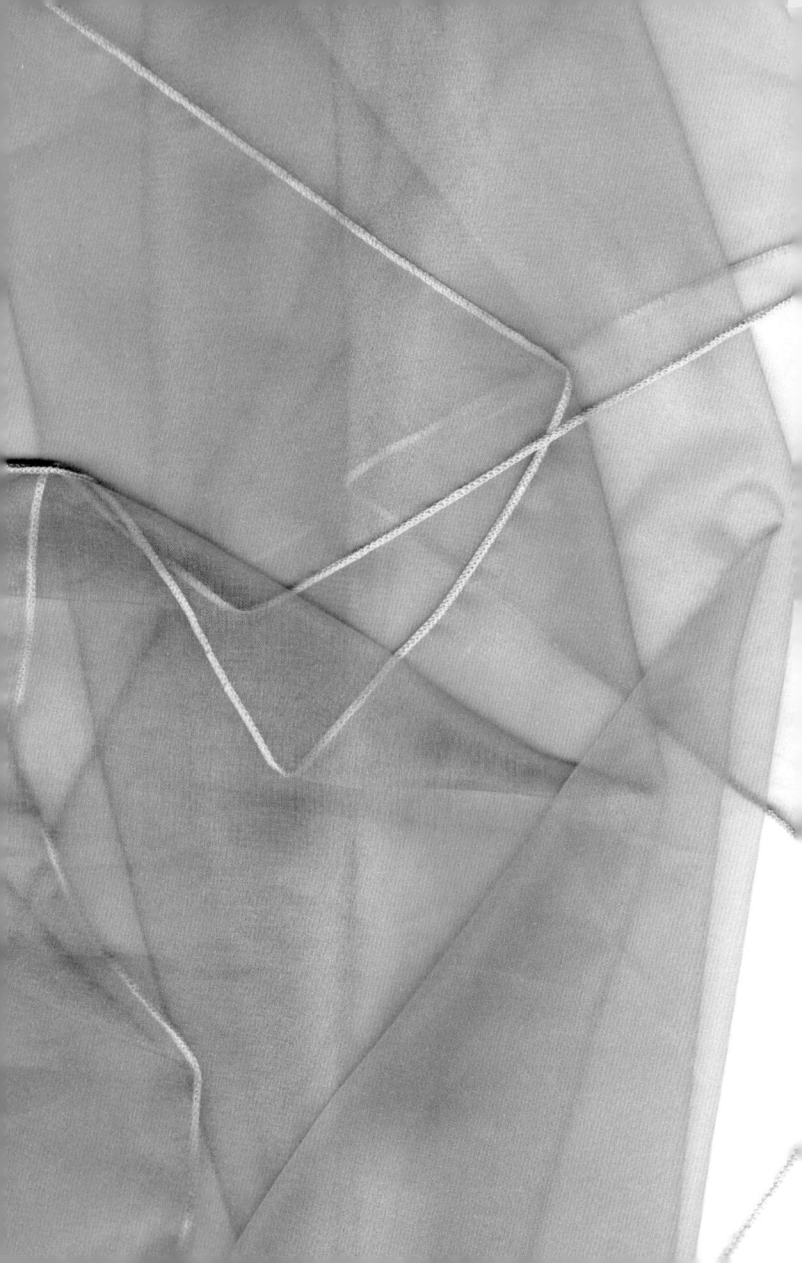

것 같았죠. 분위기도 소재도 컬러도 모든 것이 아름다운 모습으로 기억됩니다. 이렇게 소재의 매력을 살린 것만으로도 충분한 제품을 만들고 싶기도 하고, 누군가도 계속 만들어주면 좋겠습니다.

+ 얇게 비쳐 보이는 외관이 시폰과 비슷하지만 시폰보다 훨씬 뻣뻣하고 바삭거리는 촉감을 지녔습니다. 쓰임새도 시폰과 비슷하지만 더 풍성한 볼륨감을 연출할 때 사용합니다. 최근에는 화장품이나 고급스런 선물의 포장 패키지로도 많이 사용합니다.

메쉬(mesh)

메쉬는 야구모자(ball cap)의 뒤통수나 운동복의 겨드랑이 부분처럼 통풍이 필요한 곳에 부분적으로 쓰이며 주로 스포츠웨어로 만들어진다고 배웠습니다. 가방 중에서도 여행용품을 담는 파우치나 스포츠 가방의 일부분으로 사용한다고요. 그리고 또 어디에 쓰였을까 열심히 생각해서 굳이 떠올리자면 세탁망, 양파망 정도가 있겠습니다. 그렇기 때문에 일부가 아닌, 가방의 전체를 메쉬로 사용한 디자인을 보고 감동하지 않을 수 없었습니다. 기능보다는 오로지 메쉬의 형태에 집중한 디자인인 거죠. 이렇게 고정관념을 완벽하게 깬 디자인을 좋아합니다. 배운 것 안에 갇혀 있느라 저는 상상하지 못했던 것을 제품으로 보는 것이 즐겁습니다. 메쉬 가방을 착용하는 방법도 여러 가지 입니다. 소지품이 보여지는 게 부끄럽다

면 '가방 속 가방' 방법을 이용하여 메쉬 가방 안에 다른 천가방을 포개서 사용해도 좋겠습니다. 핑계 삼아 예쁜 천가방 하나 더 사는 거죠.

+ 그물 모양으로 짜인 직물을 총칭하여 부릅니다. 그물망 크기와 원단 두께, 질감이 다양합니다. 메쉬 소재를 사용한 가방을 네트 백(net bag)이라고도 합니다.

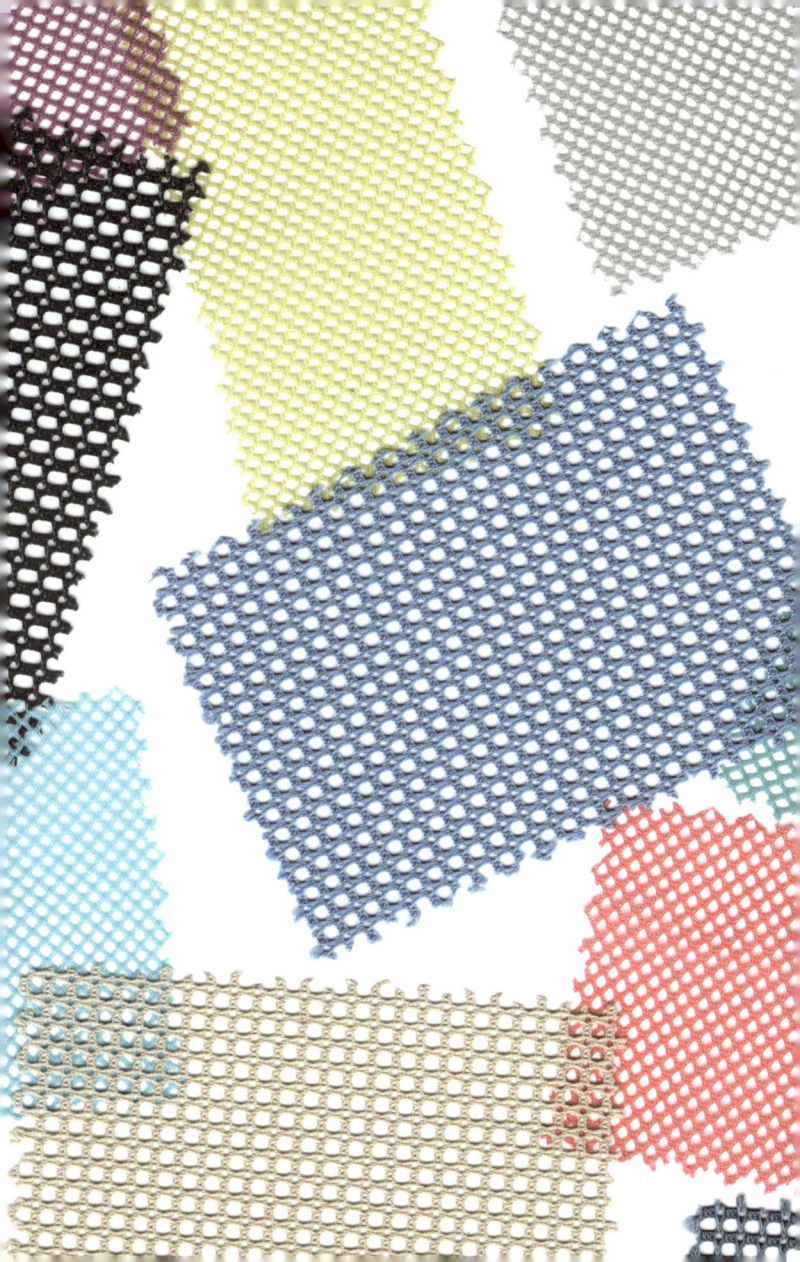

포근하고 부드러운

- 코듀로이(corduroy)
- 샤무드(chamude)
- 피치 스킨(peach skin)

코듀로이(corduroy)

제가 아주 어릴 때 겨울이면 엄마는 늘 내복 위에 일명 '골덴바지'를 입혀주었습니다. 바지를 두 겹 입어야 하는 것도 싫었지만 못생긴 바지 입기 싫다며 투정 부린 적이 한두 번이 아니었습니다. 어린 눈에 바지의 무늬가 영 마음에 들지 않았나 봅니다. 그럴 때 스스로 알아서 입도록 내버려두면, 계절 상관없이 예쁜 옷 입겠다고 떼쓰던 아이는 더운 날 스웨터를 입어서 땀띠가 나거나 추운 날 맨다리에 얇은 원피스를 입어서 감기에 걸리기 일쑤였습니다. 유난스럽던 시절이 지나고 지금은 말이죠. 겨울이면 내복은 피부가 되고 코듀로이 바지는 교복이 됩니다. 부드럽고 따뜻하고 표면에 보이는 골도 얼마나 정감 가는지 모릅니다. 가을이 끝날 무렵 옷장에서 코듀로이 바지를 꺼낼 때면 그 시절의 젊은 엄마에게 미안해집니다.

최근에 친구 부부가 운영하는 숍에서 작은 코듀로이 파우치를 샀습니다. 코듀로이 소재의 옷은 즐겨 입지만 소품으로는 처음 구입하는 것이었습니다. 보들보들한 촉감이 무척 귀엽게 느껴져 파우치 안에 넣을 소지품들이 따듯해 하는(?) 재미있는 상상을 했습니다.

+ 세로 방향으로 표면에 골이 보이는 것이 특징인 소재입니다. '코르덴'이라고도 부릅니다. 표면에 털이 난 듯 보드라운 촉감이고 시각적으로도 따듯해 보여 겨울용 의류나 소품에 많이 쓰입니다.

샤무드(chamude)

앙고라 토끼에 관한 불편한 진실을 고발한 영상을 보고 충격을 받아 짧은 영상을 끝까지 보지도 못하고 엉엉 울어버린 일이 있습니다. 그 뒤로 앙고라 니트를 입지 않습니다. 비슷한 이유로 가죽 사용도 지양하려고 하고요. 샤무드는 가죽을 대체하여 쓸 수 있다는 점이 좋습니다. 정확히는 스웨이드를 대체하는 거겠죠. 포근한 촉감에 가벼운 무게, 봉제와 관리가 쉽다는 점에서 새로운 겨울 가방 소재를 찾던 저에게는 완벽한 소재로 느껴졌습니다. (가죽과 패브릭을 매치한 디자인을 구상하고 있었거든요.) 샤무드를 취급하는 곳에서 가장 단단하고 두꺼운 것으로 골랐더니 1야드에 2만 원이 훌쩍 넘는 가격이었어요. 두께에 따라 가격 차이가 있는데, 생각보다 비싼 가격에 쉽게 구입하지 못하고 돌아섰던 기억이 납니다. 시행착오

샤무드 (**Chamude** 1.4mm × 54″)

로 날려버린 원단과 비용은 이미 충분했고, 어쩐지 의기소침해지고 말았던 거죠. 작업실에 고이 모셔둔 샤무드 스와치북을 펼칠 때마다 '올 겨울엔 꼭!'을 다짐합니다. 이번 겨울엔 따뜻한 샤무드 가방을 한번 만들어보려고요.

+ 샤모어와 스웨이드의 합성어로 '초극세사 부직포형 인조가죽'을 지칭하며, 코오롱 인더스트리에서 개발한 신소재입니다. (코오롱만의 상표이지만 유사한 소재를 고유명사처럼 사용하기도 합니다.) 스웨이드 가죽의 촉감과 유사하게 만든 인공 피혁입니다. 세탁이 어려운 일반 가죽과 달리 물세탁과 다림질이 가능해 옷, 가방, 소파, 커튼 등 일상에서 훨씬 유용하게 사용됩니다. 다른 원단처럼 롤로 말아 야드 단위로 판매하며 컬러와 두께가 다양합니다.

* 샤모어(chamois): 산양의 일종. 보통 '세무'라고 불린다.
* 스웨이드(suede): 가공한 가죽의 한 종류.

피치 스킨(peach skin)

복숭아를 뜻하는 그 '피치'입니다. 와플 소재만큼 직관적이고 귀여운 이름입니다. 이번에 이야기하는 것은 원단 이름이라기보다 가공 방법에 속합니다. 피치 스킨 가공은 원단 표면을 복숭아 껍질처럼 보드랍게 만들어주는 것인데요. 손끝에 만져지는 촉감이 무척 기분 좋게 느껴지는 가공입니다. 웃지 못할 일화가 있습니다. 아는 분이 피치 스킨 가공 원단으로 가방을 제작했는데 가공된 부분이 안쪽으로 뒤집혀 봉제가 되었다고요. 그러니까 밖으로 보여야 할 프린팅이 가방 안쪽으로 들어간 것과 마찬가지인 일이죠. 생각만 해도 아찔한 봉제 사고입니다.

피치 스킨 가공을 비롯해 PVC·WAX 코팅 같은 후가공은 원단을 먼저 제작한 후에 이뤄지곤 합니다. 그래서 한쪽 면에만 가공이 되어 있고 반

peach skin 가공원단

면 10수 옥스포드에
피치 & 워싱 가공한 원단.

← 가공 안한 쪽.

가공한 쪽. 겉면.
↓
face

★ 가공한 면
face 구분 잘할 것!
만져봤을 때
보들보들한 면을
겉으로 해서 보내주기.
외관상 구분 안되니
꼭 만져보기!

대 면에는 가공이 안 되어 있는 경우가 대부분입니다. 이런 원단을 사용할 때는 반드시 봉제 공장에 어느 쪽이 표면(face)인지 알려야 합니다. 어느 쪽을 바깥으로 사용해야 하는지 말이죠. 어느 것이든 만약 가공 원단을 사용한다면 이 점을 꼭 확인해야 합니다.

+ 제직이 완료된 원단의 표면에 미세한 잔털을 일으켜 복숭아 표면과 같은 질감을 만드는 가공입니다. 부드럽고 따뜻한 촉감으로 가을, 겨울용 소재로 많이 사용합니다. 피치스킨 가공은 거의 모든 섬유 소재에 적용이 가능합니다.

가볍고 실용적인

- 립스탑(ripstop)
- 와셔(washer)
- 타이벡(tyvek)
- 타포린(타플린, tarpaulin)

립스탑(ripstop)

립스탑은 나일론 소재로만 만들어지는 줄 알았는데 우연히 원단 시장에서 코튼 립스탑이라는 것을 발견했습니다. 제 눈에는 립스탑의 격자무늬가 원고지처럼 보였습니다. 호기심에 이끌려 구입한 원단을 바라보며 격자무늬에 맞춰 글자를 새기는 것을 상상했습니다. 그리고는 그 원단으로 가방을 만들었어요. 줄 맞춰 재단한 원단 조각에 자수로 시를 새기고, 그것을 주머니로 만들어 가방에 달았습니다. 'poetry pocket bag'이라는 이름도 붙여주고요. 손이 적잖이 가는 봉제 공정 때문에 많이 만들어 판매하지는 못했지만 이런 과정이 즐거워 애착이 갔던 가방입니다.

그로부터 얼마 후, 제가 무척이나 좋아하고 프로제의 가방도 판매되고 있는 잡화점 원모어백으로부터 제안을 받고 '문장으로 가방(2017)'이라

Cotton Ripstop

BRI-003
56"

갈 피그먼트 가공. 59°/C100%
갈 크기 두가지. 작은것만 피그.

는 프로젝트에 천가방 제작자로서 참여하게 되었습니다. 좋아하던 그 원단에 박준 시인의 문장을 자수로 새겨 가방으로 만들었습니다. 시인의 아름다운 문장을 원고지 대신 원단에, 펜 대신 실과 바늘로 글자를 새기는 장면을 여전히 잊지 못합니다. 장면의 감동이 평소보다 진하게 느껴진 건 줄곧 혼자 가방을 만들던 제가 처음으로 여러 사람과 함께 만들었기 때문인 것 같습니다.

+ 보통 나일론 소재 표면에 격자무늬가 있는 가벼운 원단을 가리킵니다. 강한 실을 규칙적으로 사용하여 얇은 두께에 비해 마찰에 강하며, 손상되더라도 주변으로 더 찢어지지 않습니다. 가벼운 생활 방수도 가능합니다. 텐트, 돛, 우비, 스포츠웨어 등 가볍고 튼튼한 소재가 필요한 곳에 주로 쓰입니다. 미국의 가방 브랜드 '레스포색(LeSportsac)'의 제품들이 대표적인 사용 예시입니다.

* 원모어백 : 서울 필운동에 위치한 잡화점입니다. 여러 브

랜드의 가방이나 제품, 작가의 굿즈를 판매하며, 여러 분야의 작업자들과 함께 다양한 프로젝트를 진행하는 곳입니다.
* 문장으로 가방: 글을 쓰는 작가, 그래픽 디자이너, 가방 제작자, 원모어백이 협업했던 천가방 연작 프로젝트입니다.

와셔(washer)

와셔, 와샤… 도대체 이 이름이 어디서 온 걸까 궁금해한 적이 있습니다. 제가 가진 직물학 책에서는 찾을 수 없었습니다. 구글에 검색해도 볼트, 너트 같은 금속만 나오고요. 나중에 원단집 사장님께 듣기를, 와셔는 나일론 원단을 아주 뜨거운 물에 (끓이듯) 워싱 가공하여 만든다고 합니다. 이때 염색 기계의 워셔(washer)를 사용한다고 해서 이런 이름이 붙었다고 합니다. 그러니까 '워싱 washing - 워셔washer - 와셔(와샤)'가 된 것이었어요. 이렇게 사용하던 사람들에 의해 발음이 달라지고 다소 제멋대로 붙여진 원단 이름의 뜻을 알게 되는 일이 즐겁습니다. 아리송하고 재미있는 말들을 하나씩 알게 될 때마다 현장의 중심에 들어와 있는 기분이 들곤 합니다.

\+ 스포츠 가방, 천막 등에 쓰이는 질긴 나일론 소재에 불규칙적인 주름 가공을 한 원단입니다. 일부러 구긴 듯한 표면 주름이 특징입니다. 이 주름을 디자인적인 요소로 활용하여 제품을 만듭니다. 워싱 가공을 마친 상태이기 때문에 세탁 시에 수축이 적다는 장점이 있습니다. 원숭이 열쇠 고리로 잘 알려진 벨기에 가방 브랜드 키플링(Kipling)의 제품들이 와셔의 대표적인 사용 예시입니다.

타이벡(tyvek)

클라이언트 작업을 위해 타이벡을 사용한 적이 있었습니다. 종이 같기도 하고 비닐 같기도 한 이 소재를 보고 클라이언트도 저도 무척 흥미로워 하며 어떤 작업이 될지 기대했습니다. 샘플은 제가 미싱으로 봉제했는데 까다롭지 않고 깔끔하게 봉제되어 만족스러웠습니다. 그런데 일은 다른 곳에서 생겼어요. 실크스크린 공장에서 말이죠. 처음 찾은 곳은 실크스크린 인쇄 후 열 프레스를 하는 곳이었습니다. 아마 염료가 빨리 마르도록 하는 작업이겠죠. 세상에. 원단이 녹아버리고 말았습니다. 수소문 끝에 다른 공장을 소개받아 두 번째로 찾아간 공장은 다른 종류의 염료를 사용해 열 프레스 과정이 필요 없는 곳이었고, 실크스크린 인쇄도 깔끔하게 해주셔서 무사히 작업을 마무리할 수 있었습니다. 잠깐의 순간이었지만 당황스

PU 타이벡 (무광)
54" ₩6,500

럽고 초조했던 기억이 납니다. 이제는 면 소재가 아니라면 작업 전에 꼭 물어봅니다. "사장님! 이 소재에 실크 인쇄 가능한가요?!"

+ 미국의 듀폰(DuPont)사가 개발한 고밀도 합성 소재로 화학적인 물질을 사용하지 않은 친환경 부직포 신소재 섬유입니다. 방수가 가능한 동시에 습기를 투과하는 기능 때문에 보온재, 단열재 등의 건축용 자재에 많이 사용합니다. 또 오염물질이 쉽게 통과하지 못하고 손으로 찢을 수 없을 만큼 내구성이 뛰어나기 때문에 작업복, 의료용품 멸균 포장을 위한 재료로도 활용합니다. 타이벡의 원재료인 고밀도 폴리에틸렌(HDPE) 섬유는 인체에 무해하고 재활용이 가능한 친환경 소재로 잘 알려져 있습니다. 그래서 매트리스 커버, 베개 커버 등 침구나 생활용품에도 많이 쓰입니다. 요즘에는 이런 여러 장점과 함께 독특한 질감이 주는 느낌을 활용하여 가방, 의류 등 다양한 패션 상품으로도 제작되고 있어요.

타포린(타플린, tarpaulin)

'이케아'가 처음 한국에 들어오고 매장에 가보기도 전에 원단 시장에서 처음 이케아 가방을 봤습니다. 매장 내에서 장바구니로도 사용하고 판매도 하는 그 가방 말이에요. 어느 분이 스와치를 잔뜩 넣은 채 둘러멘 이케아 가방은 매우 유용해 보였습니다. 원단을 구입하거나 스와치를 얻었을 때 들고 간 천가방에 넣어 오면 어지럽게 흩어진 실밥 때문에 돌돌이 테이프를 한참 굴려야 했거든요. 이케아 가방은 그럴 일이 없어 보였습니다. 이케아 가방의 영향인지 원단 시장에서 타포린이라는 소재를 쉽게 볼 수 있었습니다. 일명 돗자리 원단이었는데 이케아백 원단으로 찾는 사람들이 많아졌다고 합니다. 저는 이것으로 조금은 작고 귀여운 가방을 만들어보고 싶습니다. 키가 작은 저에게는 이케아 가방이 거대하게 느껴져서요. 작

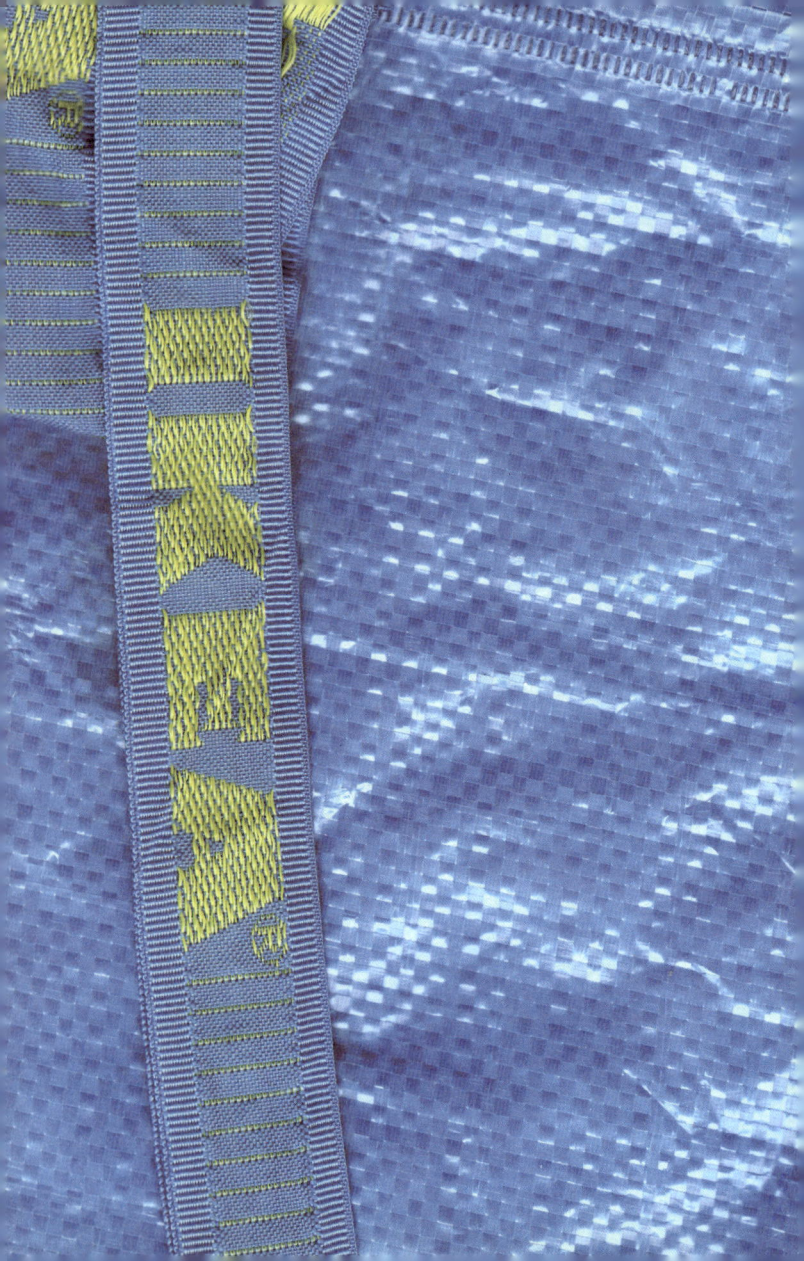

은 가방을 손목에 걸고, 사실은 일하러 간 것이지만 쇼핑하러 간 것처럼 스와치를 담는 거죠.

+ 폴리에스터 소재의 직물에 PVC를 코팅하여 가공한 방수 원단입니다. 가볍고 질긴 질기기 때문에 트럭 덮개, 천막, 파라솔, 돗자리 등 내구성과 방수 기능이 필요한 곳에 주로 사용합니다. 요즘에는 겉면에 로고나 이미지를 인쇄해 판촉물이나 장바구니, 쇼핑백으로 많이 만들어집니다. 이케아백, 코스트코백이 대표적인 사용 예시입니다.

3장

원부자재 이야기 2: 부자재

가방 입구를 여미거나 끈 길이를 조절하려고만 해도 부자재가 필요합니다. 조금이라도 더 유용한 가방을 만들려면요. 처음에는 엉뚱한 것을 사거나 쓸데없이 많이 사서 곤란한 일이 많았습니다. 같은 부자재여도 옷 만들 때와는 활용 방식이 달랐고요. 종류도 쓰임새도 너무 다양해 당황스러울 지경이었어요. 3장에서는 공장 사장님들로부터 배워서 직접 사용해본 부자재들을 소개합니다.

1. 웨빙과 리본

1) 웨빙(webbing)

가방, 허리띠 등에 사용하는 튼튼한 직물의 끈을 웨빙, 웨빙 끈, 웨빙 테이프 등으로 부릅니다. 천 가방의 어깨 끈을 살펴보면 몸체의 원단과 같은 것으로 제작된 경우가 있고, 다른 질감의 끈을 사용한 경우도 있는데요. 앞의 경우를 '제감(제원단)으로 만들었다'고 말하고, 뒤의 경우는 '웨빙을 사용했다'고 말하곤 합니다.

    섬유혼용률, 조직감, 컬러, 폭이 매우 다양해서 디자이너가 고르기 나름이지만, 가방에 사용한 원단과 조화를 이루는 것이 중요합니다. 컬러는 어울리는지, 두께와 질감은 적절한지 등을 고려하여 디자인과 크기(size)를 선택하는 것이 좋

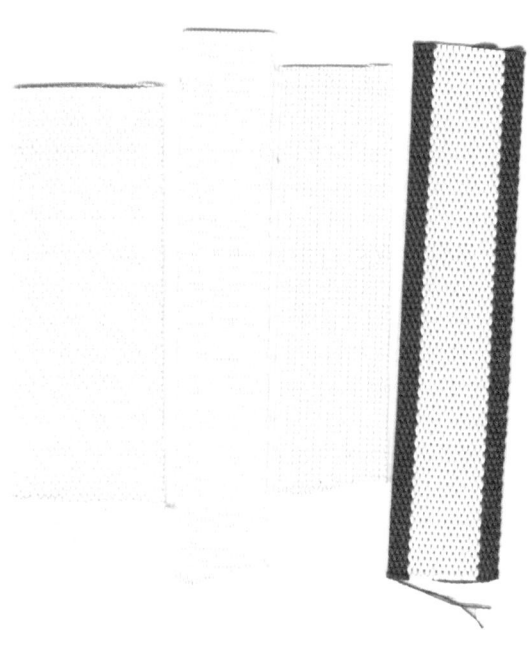

습니다.

크기는 끈의 폭을 두고 이야기합니다. 20, 25, 30, 35밀리미터(mm)… 보통 5밀리미터 간격으로 제작되곤 합니다. 웨빙을 판매하는 업체마다 계산 방식이 다르긴 하지만 소량[샘플용 1~2야드(90~180센티미터) 정도]으로 살 때와 대량(1롤 이상. 1롤=약 100미터)으로 살 때 단가 차이가 큰 경우가 많습니다. 1야드에 2000원을 주고 구입한 웨빙을 같은 것으로 1롤 통째로 구입하니 7만 원으로 가격이 떨어진 일도 있었습니다.

천가방 봉제 공장에서는 종종 생지(광목 컬러) 웨빙을 보유하고 있기도 합니다. 디자인이나 크기 선택의 폭은 적지만, 공장의 웨빙을 사용해 제작하면 비용이나 수고를 줄일 수 있습니다. 특별히 사용하고자 하는 디자인의 웨빙이 있다면 생산에 필요한 만큼 구입해서 봉제 공장에 가져다주면 됩니다.

2) 리본(ribbon)

'리본 테이프' 또는 '면 테이프'라고 부르며 웨빙보다 훨씬 섬세하고 작은 폭의 끈입니다. 옷의 장식 디테일로 사용하거나 모자나 가방 같은 패션 소품의 디자인 포인트 또는 바이어스(가장자리 마감)감으로 주로 사용됩니다.

1롤의 양은 30~55미터 정도인 경우가 많고 5, 8, 10, 12밀리미터 등 폭의 단위가 웨빙보다 다양합니다. 리본 역시 판매처마다 계산 방식이 다르지만, 1야드 기준으로 가격이 정해져 있는 경우가 많고 구입하는 수량만큼 계산하곤 합니다. 즉, 원단처럼 1야드에 1000원이라고 한다면 5야드는 5000원이 되지만, 가끔 웨빙집처럼 다른 계산법으로 판매하는 곳도 있으니 구입할 때 먼저 확인하는 편이 좋습니다.

얇고 섬세하고 웨빙보다 값도 비싸기 때문에, 양이 많이 들고 튼튼함을 요구하는 어깨끈 같은 용도보다는 장식이나 디자인 포인트로 소량 사용하는 쪽을 추천합니다. 한눈에 반할 만큼 견고하고 섬세한 리본을 어깨끈과 바이어스감으로 동시에 잔뜩 써본 경험이 있습니다. 메인인 원단 값보다 비용이 많이 들어갔죠. 원단도 못지 않게 비싼 걸 사용했기 때문에 모든 것이 비싼 가방이 되고 말았답니다.

2. 부자재의 도금

부자재 소재로는 플라스틱, 금속, 나무 등 여러 가지가 있지만, 이 책에서는 시장에서 가장 쉽게 구입할 수 있고 천가방과 의류에 가장 많이 사용되는 '금속' 부자재에 관해 이야기합니다. 금속 부자재 안에서도 소재와 가공법에 따라 다시 여러 종류로 나뉘지만, 시장에서 소량으로 쉽게 구입할 수 있는 도금의 종류는 사실 그리 많지 않습니다. 도금이란 금속의 표면에 컬러나 광택을 입히는 것인데 수요가 많지 않으면 도금 가공을 미리 해두지 않는 경우가 대부분이기 때문입니다. 하지만 거의 모든 도금 가공의 기본이 되는 사진 속 도금 상태를 알아두면 금속 부자재를 사용하기에 무리가 없을 거라고 생각합니다.

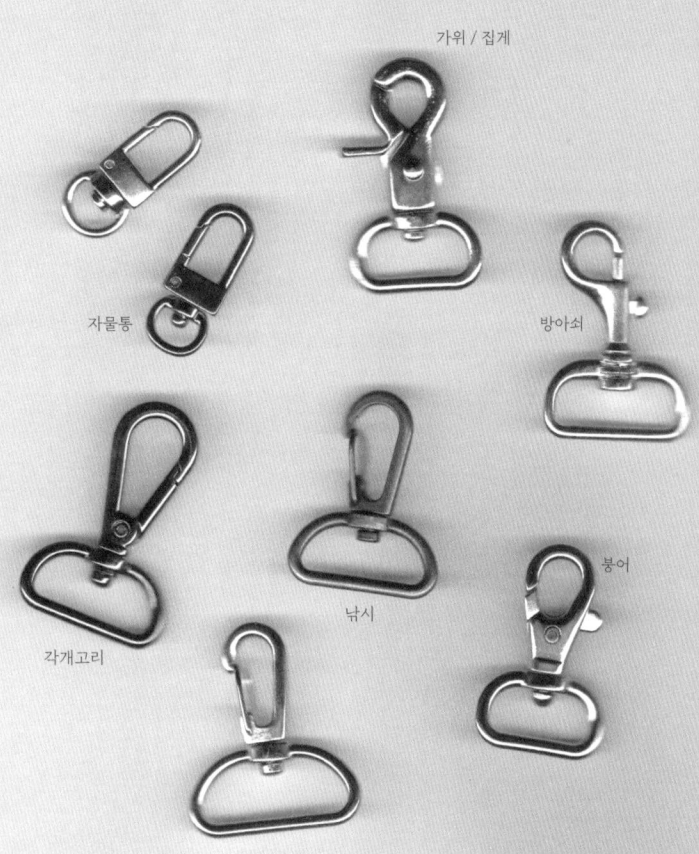

3. 부자재의 종류와 활용

1) 고리(hook)

가방 끈을 탈부착할 때 사용합니다. 최근에는 키링(key ring)을 제작할 때 사용하기도 합니다. 시장이나 공장에서는 '개고리'라고 표현하는 경우가 많습니다. 디자인을 고를 때에는 헤드(후크 부분)의 모양도 중요하지만 끈이 들어가야 하므로 그에 맞는 크기를 확인하는 것이 중요합니다. 헤드 밑부분의 공간 사이를 살펴봐야 합니다.

2) 끈 조리개(strap adjuster)

끈 길이를 조절할 때 사용합니다. 간혹 '버클'이라고 부르는 곳도 있지만 '조리개', '비조'라는 표현을 더 많이 사용합니다. 단면 굵기나 도금 등 디자인이나 형태가 무척 다양하지만, 조리개를 사용할 때는 개고리와 마찬가지로 끈이 들어갈 부분의 크기를 확인하는 것이 중요합니다.

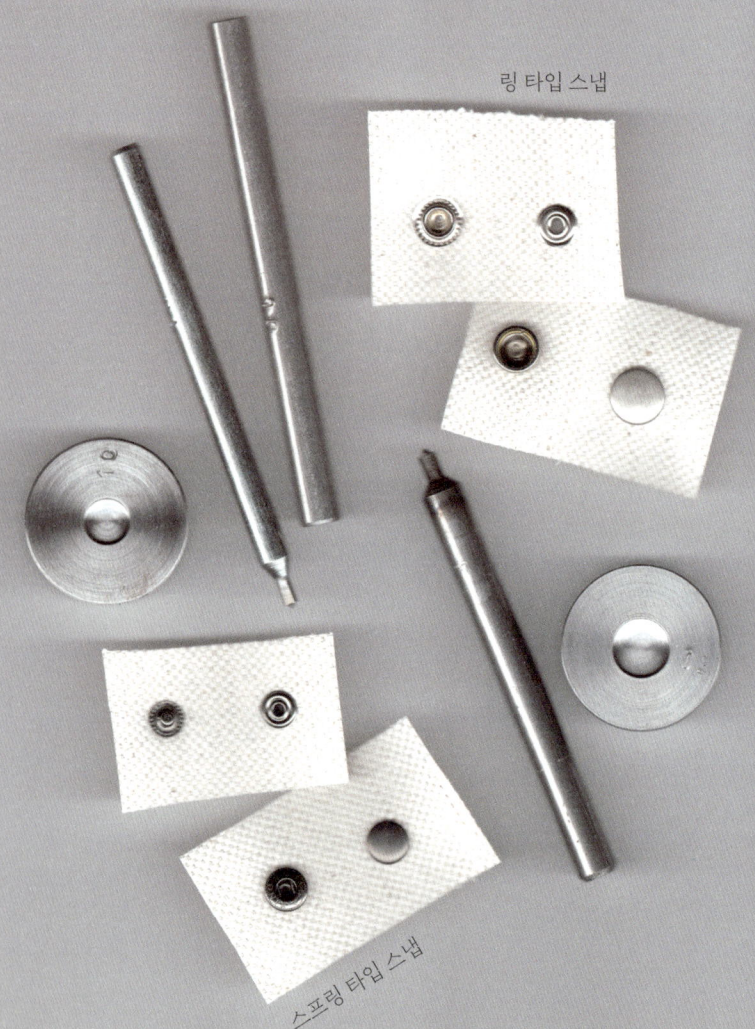

3) 스냅(snap buttons)

'똑딱이'라고 많이 알려져 있는 금속 단추입니다. '돗도, 돗또'라고 부르는 곳도 있습니다. 여미는 용도로 많이 사용합니다. 부속 네 개가 한 세트로, 겉으로 드러난 면은 동그라미 하나로 보입니다. 링 타입과 스프링 타입. 두 종류가 있고 헤드의 지름이 곧 스냅의 크기가 됩니다. 스냅을 원단에 달기 위해서는 유형과 크기에 맞는 몰드(mold) 도구가 필요합니다. 도구는 금속 부자재 판매처에서 함께 구입할 수 있습니다.

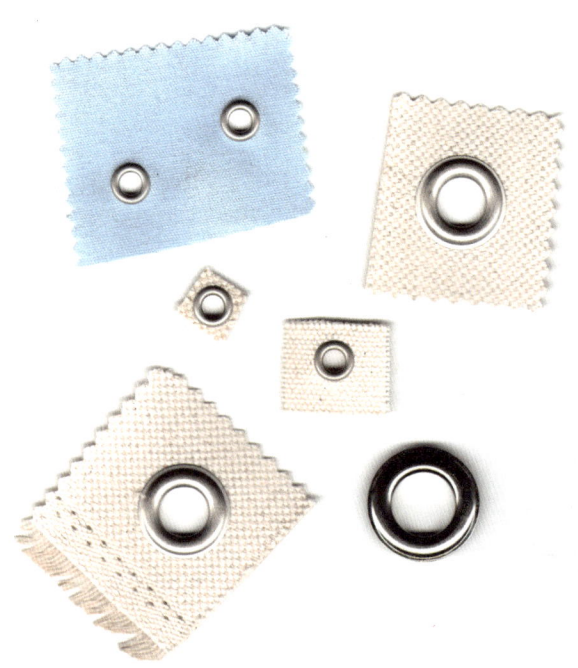

4) 아일릿(eyelet)

원단이나 가죽에 구멍을 내고 마감하는 용도로 사용합니다. 현장에서는 '하도메'라고도 합니다. 머리와 발. 부속 두 개가 한 세트이고, 외경과 내경의 지름이 아일릿의 크기입니다. 아일릿을 사용하려면 스냅처럼 크기에 맞는 펀치와 몰드가 필요합니다. 펀치는 내경만큼 원단에 구멍을 내는 타공 도구이고, 몰드는 부속 두 개를 원단에 고정시켜주는 도구입니다. 크기에 따라 기계 몰드가 필요한 경우도 있습니다. 종이 태그나 패키지에 쓰이는 작은 아일릿과 핸디 몰드는 문구점에서도 쉽게 구입할 수 있습니다.

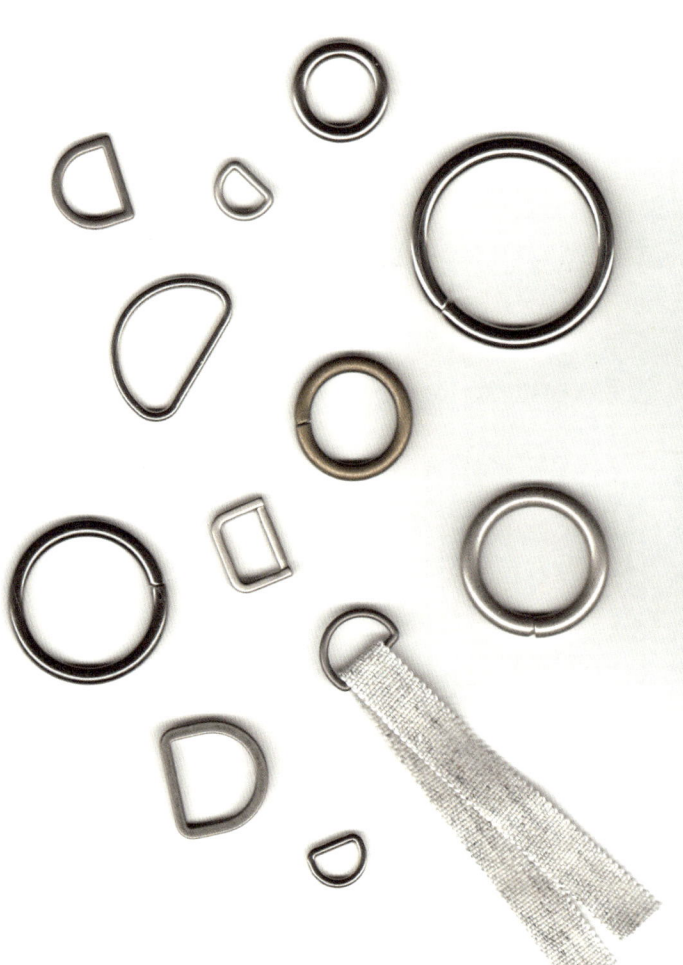

5) O링과 D링 (O-ring & D-ring)

알파벳 'O' 자 모양으로 생겨서 O링, 'D' 자 모양으로 생겨서 D링입니다.

• O링
장식 용도나 허리 벨트 여밈처럼 길이를 조절할 때 사용합니다. 구입할 때에는 지름 길이, 단면 굵기, 도금 상태를 확인해야 합니다.

• D링
장식보다는 실용의 목적으로 더 많이 사용합니다. 파우치의 바깥 부분이나 가방 안쪽에 달려있는 것을 쉽게 볼 수 있습니다. 열쇠고리 등 무언가를 매달 수 있도록 도와주는 역할을 합니다. 끈이 들어가야 하므로 일자 부분의 길이를 확인하는 것이 중요합니다.

6) 리벳과 솔트레지(rivet & stud closure)

주로 가죽 제품에 사용하지만, 최근에는 가죽을 부분적으로 덧대거나 패브릭과 매치한 디자인이 많아져 천가방에도 종종 사용합니다.

• 리벳

원단이나 가죽을 단단하게 고정하기 위해 사용하거나 장식 용도로 사용합니다. '가시메'라고 부르기도 합니다. 머리와 발 두 개의 부속이 한 세트이고, 머리 디자인이 매우 다양합니다. 청바지 주머니 옆에 볼록하게 박혀 있는 것도 리벳의 한 종류입니다.

• 솔트레지

영어로는 'stud closure'로 표기하는데 '솔트레지'라는 말의 원어 표기는 잘 알려져 있지 않습니

다. 현장에서는 흔히 '솔트' 혹은 '솔트레지'로 불립니다. 지갑, 팔찌, 가방 등 가죽 소품의 여밈에 사용합니다. 머리와 발 부속 두 개가 한 세트이고, 나사 형태로 되어 있습니다. 구멍을 뚫은 가죽에 끼우고 조여주기만 하면 되는 간편한 부자재입니다. 동그란 머리 밑 부분에 가죽이 고정되어 있어야 하므로 가죽 두께를 견딜 수 있는 머리 크기와 다리 길이를 확인하는 것이 중요합니다.

7) 지퍼(zipper)

확인해야 할 부분이 가장 많은 까다로운 부자재라고 할 수 있습니다. 그 종류와 구성을 알아야 완제품을 구입하거나 맞춤제작을 할 때 훨씬 수월합니다.

— 종류

나일론 지퍼, 플라스틱 지퍼, 쇠 지퍼, 크게 세 종류로 분류할 수 있습니다. 각각의 종류를 취급하는 지퍼 가게가 다른 경우가 많습니다. 가방 디자인에 어울리는 지퍼 종류를 선택했다면 그 지퍼를 주로 취급하는 곳을 알아보고 주문하는 것이 좋습니다.

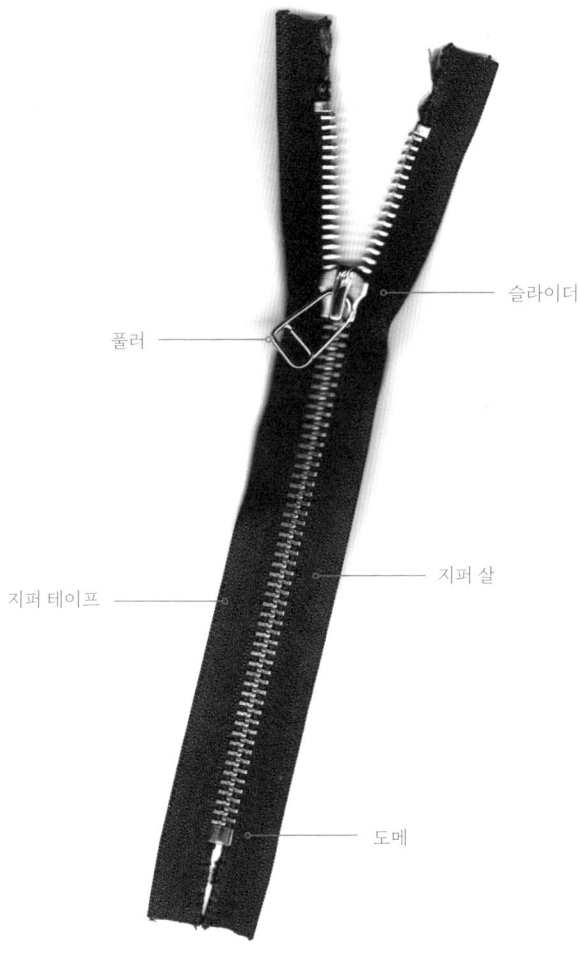

— 구성

- 지퍼 살(이빨, teeth)

크기에 따라 호수가 다릅니다.

- 지퍼 테이프(tape)

원단 스와치와 비교해 컬러를 고릅니다.

- 슬라이더(slider)

지퍼를 열고 닫는 부속.

- 풀러(puller)

슬라이더를 잡아당길 수 있는 손잡이.

- 도메(bottom stop)

슬라이더가 바깥으로 빠지지 않도록 지퍼 끝을 막아주는 부속으로 앞도메/뒷도메라고 합니다.

4. 그 밖의 재료와 도구들

— 제도에 필요한 것

필기도구, 방안자, 직각자, 곡자, 암홀(armhole)자 등 각종 자.

— 재단에 필요한 것

• 문진(누름쇠, paper weight)

• 초크(chalk)
원단에 재단 선을 표시할 때 사용합니다. 너무 진하게 표시하면 잘 지워지지 않으니 주의해야 합니다.

• 수성펜(water erasable pen)
재단 선을 표시할 때 사용합니다. 원단용 '물펜'이라고도 합니다. 물이 닿으면 선이 사라져요!

• 재단 가위(fabric scissors)
날이 매우 섬세해서 원단을 자를 때만 사용하는 것이 좋습니다.

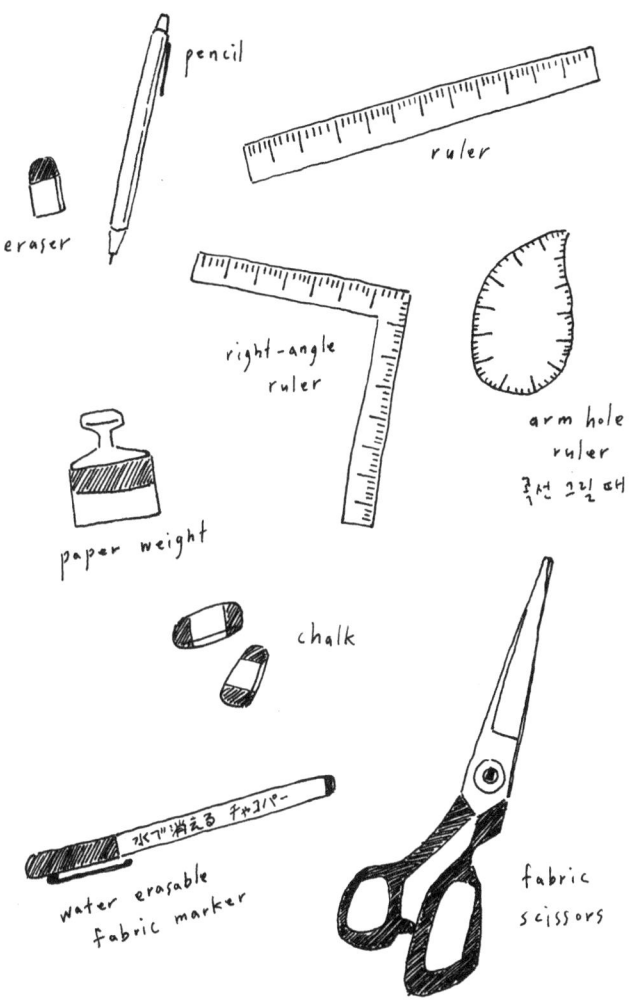

4장

원단에 그림을 표현하는 방법

1. 실크스크린(silk screen printing)

판화 방식 중 하나. 그림이 표현된 판 너머로 염료를 투과시켜 찍어내는 방식입니다. 제작 과정이 간편하고 저렴하기 때문에 의류, 천가방 등 섬유인쇄에 가장 널리 활용됩니다.

― 원리

실크샤라고 하는 얇은 망사 원단을 나무틀에 단단하게 고정해 실크판(실크틀)을 만듭니다. 내가 원하는 그림(도안)을 제외한 실크판의 나머지 부분을 막아주는 감광 작업을 거쳐 판을 제작합니다.

* 여기까지의 과정을 '제판'이라고 합니다. 판의 재료로

실크(silk)가 사용되어 실크스크린이라고 불리게 되었는데, 요즘에는 폴리나 나일론으로 짠 원단을 사용하는 경우가 대부분입니다.

제판한 실크틀을 원단 위에 두고 적당량의 염료를 스퀴지(squeegee. 주걱처럼 생긴 실크스크린용 도구)로 밀어내어 투과시킵니다. 막히지 않은 부분(도안 부분)으로 염료가 통과해 원단 위에 찍히게 됩니다.

― 제작

1) 제판

일러스트레이터 프로그램으로 작업한 도안 파일 원본(보통 확장자 ai 형식)을 실크스크린 업체에 전송합니다. 업체는 도안 파일을 가지고 제판 작업을 합니다. 제판 비용이 발생하는데 '판비'라고도 합니다.

2) 프린팅

실크스크린 프린팅의 바탕이 될 원단에 따라 쓰이는 염료가 달라지기도 합니다. 염료 첨가제에 따라 다시 여러 종류로 나뉘지만 일반적으로 패브릭 제품에는 두 종류가 가장 많이 사용됩니다.

• 고무(라바*) 나염*

원단 위에 올리는 방식으로 고무 재질의 염료를 사용합니다. 소재에 큰 구애를 받지 않아 면, 폴리, 나일론 등 다양한 섬유에 인쇄가 가능합니다.

*라바: 고무(rubber)를 현장에서는 "라바"라고 부릅니다.
*나염: 날염이 바른말이며, 원단 염색 등 넓은 의미의 후가공이지만 실크스크린 프린팅을 '나염'이라고 표현하기도 합니다.

• 안료 나염

원단에 염료가 스미게 하는 방식으로 외관상 디지털 프린팅과 비슷합니다. 고무 나염과 달리 통기성이 있어 손수건 등 밝은 색 원단에 무늬를 넣듯이 표현할 때 많이 쓰입니다. 어두운 원단에는 인쇄가 어렵습니다.

    이 밖에도 염료에 어떤 첨가제를 섞느냐에

따라 표면에 입체감을 주는 발포 나염, 이미지를 4원색(CMYK)으로 분해하여 보다 다양한 컬러를 표현하는 원색분해 나염, 광택이 있고 매끄러운 표면으로 수영복 등에 사용하는 실리콘 나염 등 많은 종류의 실크스크린 프린팅 기법이 있습니다. 따라서 원단 종류, 염료 종류, 도안 크기, 컬러 도수 등에 따라 견적이 달라집니다.

2. DTP(digital textile printing)

종이에 프린터로 인쇄하는 것처럼 원단을 프린터에 넣고 잉크를 직접 분사하여 인쇄하는 방식. 실크스크린보다 섬세한 컬러 표현이 가능합니다. 원단 전체에 이미지를 패턴화해서 표현해야 하는 섬유 인쇄에 주로 사용합니다.

업체마다 보유하고 있는 DTP 기계가 각기 다르고 기계에 따라 프린팅 조건이 달라지기도 합니다. 그래서 업체에 작업을 의뢰하기 전에 제작

방식에 대한 다음의 여러 조건을 확인하는 것이 중요합니다.

- 어떤 원단이 인쇄 가능한지(기계마다 프린팅 가능한 원단이 다릅니다.)
- 재단한 상태에서 프린팅을 해야 하는지
- 원단을 재단하지 않은 채로 프린팅을 해야 하는지
- 이미지는 어떤 확장자의 파일을 보내야 하는지

3. 컴퓨터 자수(machine embroidery)

컴퓨터에 도안을 입력해 기계로 자수를 놓습니다. 공장마다 보유 기계나 규모, 작업 방식과 최소 수량이 모두 다를지도 모릅니다. 제가 종종 찾는 자수 공장은 한 번에 스무 대쯤의 기계를 한꺼번에 돌리는, 대량의 자수 작업을 하기에 좋은 곳입니다. 처음 가방을 만들기 시작한 때부터 지금까지 자수 공장은 한 곳만 다녔는데요, 다 친절하신 사장님 덕분입니다. 이 책에는 그곳에서 사장님 어깨 너머로 보고 들으며 배운 것을 정리해놓습니다.

— 펀칭

표현하고자 하는 그림을 자수 기계의 컴퓨터에 입

력하려면 '펀칭'이라는 작업을 반드시 거쳐야 합니다. 어떤 면적을 채우기 위해 실이 지나가는 길을 만들어주는 작업이라고 생각하면 쉽습니다. 실크스크린 프린팅을 할 때 제판 비용이 드는 것처럼 여기서 펀칭 비용이 발생합니다.

— 제작

공장에 재단물(원단을 재단한 조각 상태)을 보내고 자수가 놓일 위치를 알려준 후, 실 컬러를 고릅니다. 자수의 크기와 수량에 따라 비용이 계산됩니다. 자수는 원단에 큰 구애를 받지 않는 편인데, 아주 가끔 자수가 예쁘게 놓이지 않는 원단이 있기도 합니다. 특수한 원단을 사용한다면 공장에 미리 확인해두는 편이 좋습니다.

― 여러 가지 자수 기법

• 새틴 자수
적은 폭의 면적이나 얇은 선을 표현할 때, 주로 문자에 사용합니다.

• 엠보 자수
도안 위에 고무를 올리고 그 위에 새틴 자수를 놓습니다. 입체감을 줄 때 사용합니다.

• 다다미 자수
넓은 면을 채우거나 그러데이션을 표현할 때 사용합니다.

• 러닝 자수
선이나 작은 점같이 세밀한 그림을 표현할 때 사용합니다.

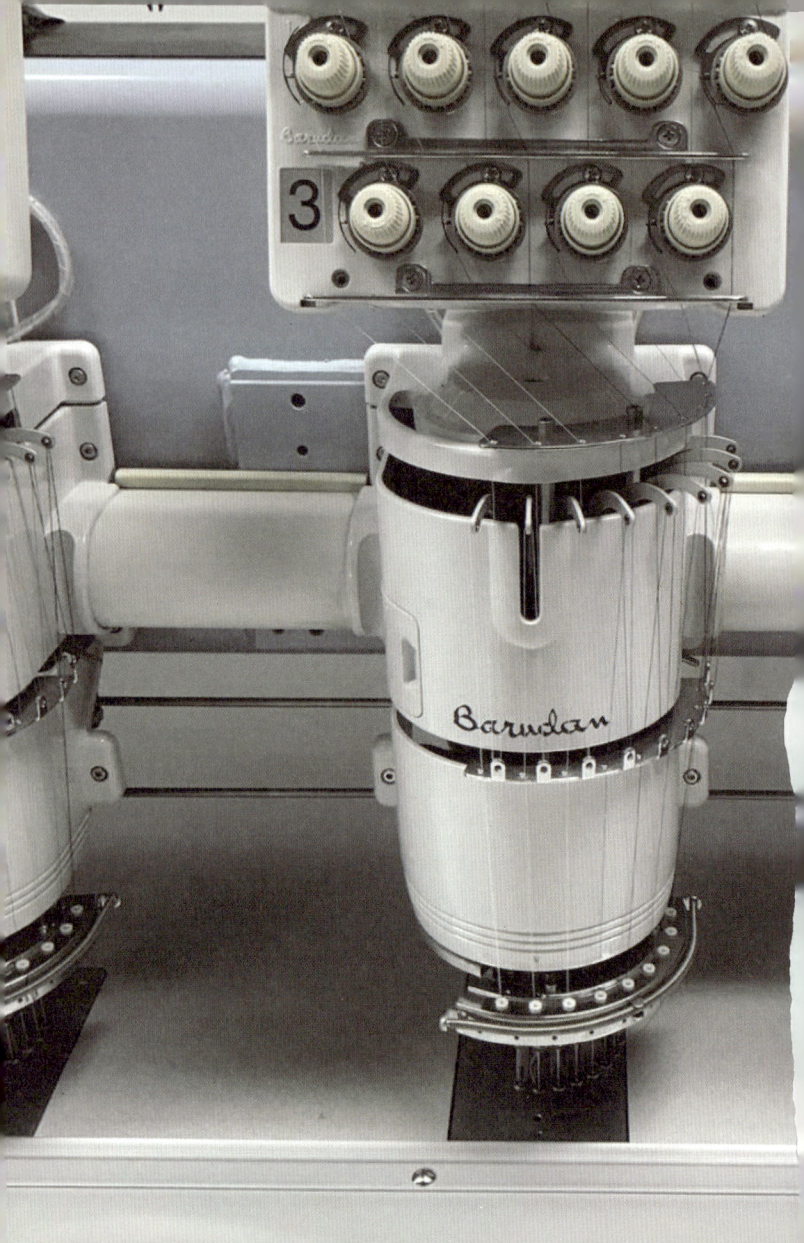

4장 원단에 그림을 표현하는 방법

5장

완성도 높은 제품으로

1. 메인 라벨(main label)

네임 태그(택)(name tag)라고도 하지만 시장이나 공장에서는 보통 '메인 라벨'이라고 말합니다. 브랜드의 메인이 되는 라벨이라고 생각하면 쉽습니다. 만약 라벨 제작 업체에 가서 "라벨 제작하려고 하는데요"라고 말한다면 "메인 하시나요? 케어 라벨 하시나요?"라는 질문을 받을 수도 있습니다. 라벨 종류, 도안 크기, 컬러, 수량에 따라 견적이 모두 달라집니다. 제작 가능한 최소 수량도 달라지고요. 제작하고자 하는 라벨의 사양을 정해두고 사전에 견적을 문의해보는 것이 좋습니다.

── 종류

• 직조 라벨

전용 실을 사용하여 직조하는 라벨입니다. 바탕이 될 실의 컬러와 로고가 될 실의 컬러를 선택해 라벨을 짭니다. 프린팅 라벨보다 제작 단가는 비싸지만 고급스러워 보여 의류나 침구 등 다양한 제품에 사용됩니다.

• 프린팅 라벨 – 면 테이프

면 테이프에 로고를 실크 인쇄하는 라벨입니다. 바탕이 되는 면 테이프의 재질, 컬러, 폭을 어떤 것으로 선택하느냐에 따라 디자인이 달라질 수 있습니다. 상대적으로 비용이 저렴해 의류나 소품 등에 가장 많이 사용합니다.

- 프린팅 라벨 – 주자

공단처럼 약간의 광택이 있는 리본 테이프에 로고를 실크 인쇄하는 라벨입니다. 속옷이나 의류에 메인 라벨 용도로도 쓰이고 포장용 리본으로도 쓰입니다.

— 형태

- 양접이
라벨의 양쪽 시접을 뒤로 접은 형태

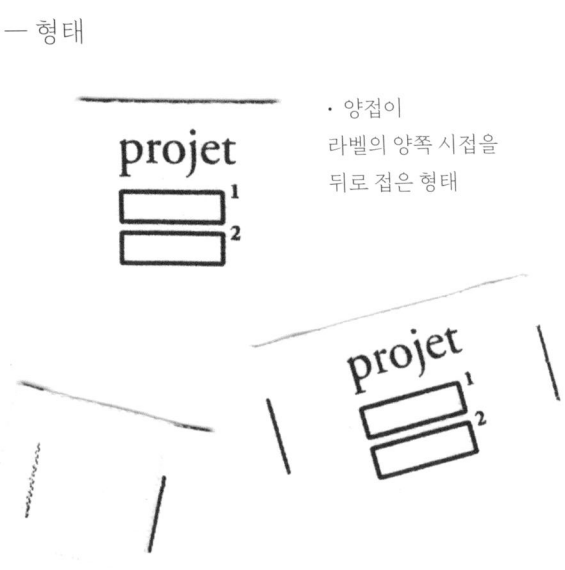

• 반접이
라벨을 반으로 접은
형태. 시접을 가방의
옆선에 물려 함께
봉제해서 사용.

2. 케어 라벨(care label)

제품의 섬유혼용률, 품질 관리법 등을 표기한 라벨입니다. 주로 옷 안쪽의 옆 선에 봉제되어 있습니다. '품택'이라고도 말합니다(품질 관리의 '품' + tag의 '택'). 브랜드마다 표기 내용과 방식에 차이가 있습니다.

— 표기 내용

• 제품번호
아이템 번호, 품번, 스타일 넘버 등으로 말하기도 합니다. 시즌, 제품명, 디자인, 원단 컬러 등을 자체적인 코드로 적습니다. 재고 관리에 유용합니다.

Label 1

projet

Poetry pocket bag

Composition

Main Fabric
Cotton 100%

Lining
Cotton 100%

한 손에서 부드럽게 손세탁
하시기를 권장합니다.
낮은 온도에서 다림질이
가능합니다.
드라이 클리닝 하지 마세요.
이염이나 탈색의 우려가 있으니
표백제를 사용하지 마세요.
건조 세탁을 권장합니다.
강하게 비틀어 짜지 마세요.

Made in Korea
2016 / April
www.projet.kr

Label 2

품질경영및공산품안전
관리법에의한품질표시

COTTON 68%
LINEN 32%

이 적군한 물에서 부드럽게
손세탁 해주세요.
저온에서 다림질이 가능합니다.
기계건조나 강한 탈수를
피해주세요.

판매원 projet (프로제)
제조국 대한민국
제조년월 2019/11
소비자상담실 0000-0000
주소 서울 용산구 용산동2가

www.projet.kr
ybn.projet@gmail.com

Label 3

summer tweed bag

Care Label

섬유의 조성(혼용률)

main fabric
nylon 44%
cotton 34%
poly 14%
rayon 8%

strap
cotton 100%

hand wash
in lukewarm water

iron at low setting

do not tumble dry
or wringing

판매원 : projet (프로제)
제조국 : 대한민국
제조년월 : 2018/07
소비자상담실
0000-0000
서울 용산구 용산동2가
ybn.projet@gmail.com

· 크기(size)

S, M, L / 00, 01, 02 등 크기나 치수가 다양한 제품일 경우 적습니다.

· 섬유의 조성(혼용률)

제품을 구성하는 섬유 소재를 표기합니다. 케어라벨에서 가장 중요한 정보입니다.

· 품질 관리법

제품을 관리하는 방법, 취급 시 주의사항 등을 세탁기호와 함께 적습니다. 섬유혼용률과 함께 꼭 필요한 내용입니다.

· 기타

제조국, 제조년월, 제조 업체 등.

— 제작

제작 업체에서 라벨의 바탕이 될 테이프의 재질과 폭을 고르고 그 크기에 맞춰 라벨의 내용을 디자인합니다. 라벨 테이프의 재질은 주로 나일론, 공단 두 가지 타입 중에서 고르고, 폭은 30밀리미터 또는 35밀리미터 중에서 정합니다. 도안은 일러스트레이터로 작업해 확장자 ai 파일을 업체에 전송합니다. 업체에서는 길게 이어진 상태로 인쇄된 라벨을 돌돌 말아서 작은 지퍼백에 넣어주곤 합니다. 봉제 공장에서 사용하기 쉽도록 도안 작업을 할 때 커팅선이나 시접선을 표시해주면 좋습니다.

3. 프라이스 태그(택, price tag)

봉제가 완료된 제품에 달아두는 태그입니다. '행 태그(hang tag)'라고 부르기도 합니다. 라벨 제작 업체처럼 패션 브랜드에 특화된 곳도 있지만 패키지의 한 부분이기도 하므로 스티커, 명함 등을 제작하는 종이 인쇄 업체에서 만들 수도 있습니다.

로고, 치수(size), 가격, 품질보증, 교환이나 반품에 대한 안내 등을 표기합니다. 제작한 프라이스 태그는 끈을 이용해 제품에 달아줍니다. '행 태그 고리', '태그 끈' 등으로 부르며, 패키지 용품을 판매하는 방산시장이나 인터넷에서 쉽게 구입할 수 있다.

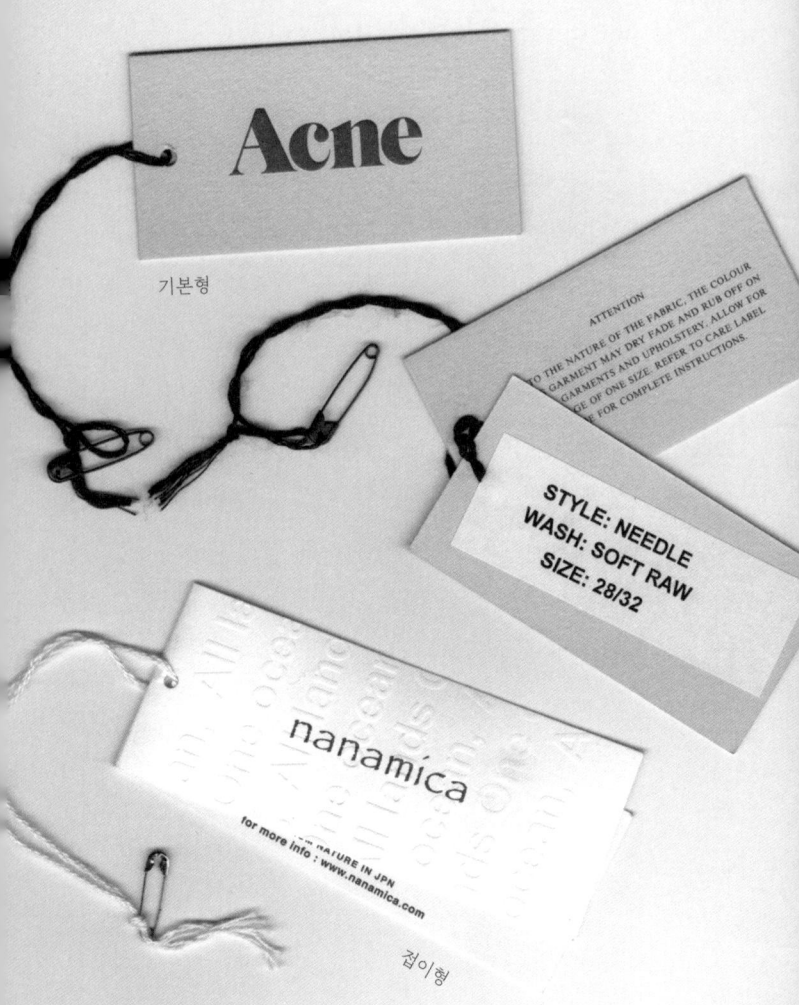

+ 방산시장: 서울 중구 을지로에 위치한 시장입니다. 종이, 비닐 등 각종 포장재를 제작하는 업체나 판매하는 가게가 모여 있습니다.

6장

제품 생산을 위한 준비

1. 원부자재 준비하기

봉제 공장에 대량 생산을 맡기는 것을 '투입한다', '메인 생산 들어간다'고 표현하곤 합니다. 제품을 투입하려면 원부자재, 작업지시서, 라벨 등 필요한 것들을 준비해야 합니다.

요척

생산하려는 제품의 크기, 수량을 계산하여 제품 전부를 만드는 데 필요한 원단의 양을 계산합니다. 재단할 때 버려지는 양을 최소화하고 원단을 효율적으로 사용할 수 있도록 소요량을 잘 계산하는 것이 중요합니다. 이것을 '요척 낸다'고 표현합니다. 공장에 미리 작업지시서를 보내드리면 사장님들이 요척을 내주시곤 합니다. 이때 시접 분량, (제감으로 한다면) 끈의 분량 등을 계산하는 동시에 만약에 있을 원단 오염, 봉제 불량, 나염 사고 등에 대비해 여유를 포함한 양을 계산합니다. 내가 직접 계산하기 어렵다면 공장 사장님이 요척 낸 양만큼 원단 집에 주문하는 것도 좋습니다.

퀵으로

샘플용으로 1~2야드 사는 것이 아니라 대량으로 원단을 주문한다면 보통은 동대문 종합상가 매장으로 물건이 옮겨지기보다는 업체의 원단 창고에서 롤 상태로 곧바로 봉제 공장으로 이동합니다. 오토바이 퀵 배송으로 옮겨지는 경우가 대부분이지만 수량이 많을 경우에는 화물 택배로 운송됩니다. 이때의 비용은 금액에 따라서 업체에서 부담

하는 경우도 있고 브랜드에 청구되는 경우도 있습니다.

부자재

부피가 작은 부자재는 필요한 수량만큼, 용도에 맞게 지퍼백에 나누어 담아 작업 지시서와 함께 직접 공장에 전달하기도 합니다. 아니면 이 역시 퀵 배송으로 전해주기도 합니다.

2. 작업지시서 작성하기

시장이나 공장에서는 작업의뢰서, 작업지시서 등을 줄여 '작지'라고 부릅니다. 샘플 제작이든 메인 생산이든 제품을 만들 때에는 내가 원하는 제품이 정확하게 만들어질 수 있도록 '작지'를 작성해 공장에 전달하는 것이 좋습니다.

    봉제 사고를 줄이기 위해 공장과 소통하는 것도 중요합니다. 어느 분야나 적용되는 이야기라고 생각합니다. 작성한 작지에 잘못된 부분은 없는지, 원하는 봉제 방법이 제대로 전달됐는지, 사용하려는 원단이나 부자재를 소화할 수 있는지 미리 확인하고 충분한 의사소통을 나누는 편이 좋습니다.

1) 작업지시서에 들어갈 내용

― 들어갈 내용

• 업체 이름(브랜드 이름)

• 담당자 이름, 연락처
'작지' 속 제품 생산을 담당하며 공장과 빠른 소통이 가능한 사람을 적어주는 것이 좋습니다. 스티커나 명함을 제작하는 사이트에서 파일 작업자 연락처를 적는 것과 같습니다.

• 제품명
판매할 때의 제품명이 아닌 공장과 브랜드가 서로 소통하기 쉬운 이름을 적어주는 것이 좋습니다.

• 도식화(디자인)

'작지'의 가장 중요한 부분입니다. 제작할 제품을 알기 쉬운 그림으로 정확하게 표현합니다.

• 제품의 수치

• 사용할 원단, 부자재 등

스와치를 조그맣게 잘라 붙여주면 좋습니다.

• 안주머니, 안감 등 그 밖의 사양.

작업지시서 작성 예시

sample 작업지시서

sample no.		투입일	2019 / 11 / 15
item	헤링본 헤링본	담당자	고예빈
fabric	herringbone cotton 100%		010-1234-5678

수량 : 두 개

끈 1개 / 길이 50cm
(폭 4cm 짜리 웨빙)

바이어스 마감
(폭 2cm 짜리 불랙리본)

라벨 4면 봉제
스티치 5cm

세로 38cm
(바닥포함)

식서방향

바닥 8cm

가로 36cm

size
가로 36cm
세로 38cm
바닥 8cm
끈길이 50cm

swatch

※ 실컬러는 원단 컬러에 맞춰주세요!

주의사항	헤링본 원단 식서방향 맞춰주세요. 가방 안쪽 시접 마감 모두 바이어스 쳐주세요.

projet

브랜드명/제품명: 포조제 집스탑 스트링백	작업지시서
담당자: 고예빈 010-1234-5678	

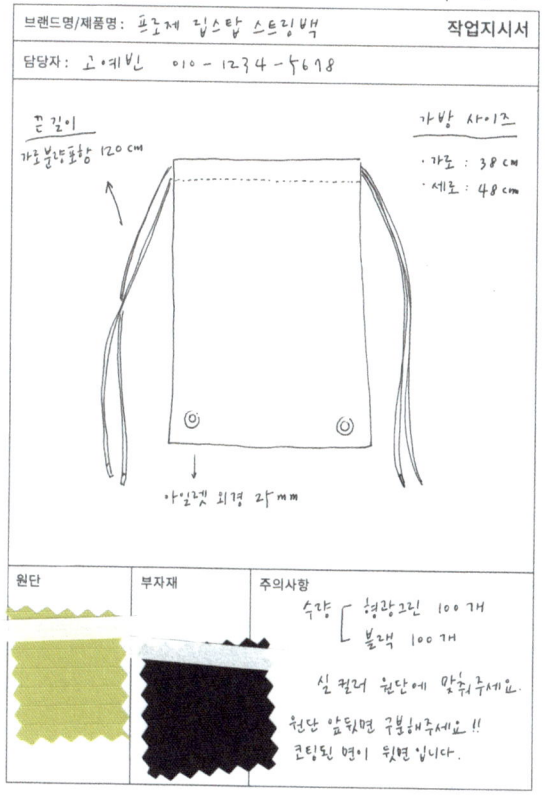

끈 길이
가죽 밴드 포함 120cm

가방 사이즈
· 가로 : 38 cm
· 세로 : 48 cm

아일렛 외경 2 mm

원단	부자재	주의사항

수량 ┌ 형광그린 100개
     └ 블랙 100개

실 컬러 원단에 맞춰주세요.

원단 앞뒤면 구분해주세요!!
코팅된 면이 윗면 입니다.

브랜드명/제품명: projet (프로제) / 연필 천가방		작업지시서
담당자: 고예빈 010-1234-3684		

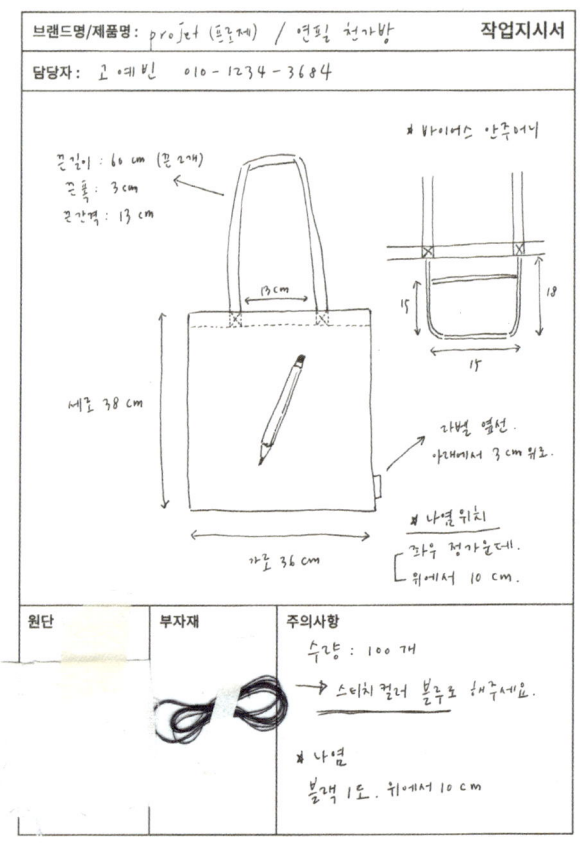

끈길이: 60 cm (끈 2개)
끈폭: 3 cm
끈간격: 13 cm

13 cm

세로 38 cm

가로 36 cm

※ 바이어스 안주머니

18
15
15

자볍 옆선.
아래에서 3 cm 위로.

※ 나염 위치
좌우 정가운데.
위에서 10 cm.

원단	부자재	주의사항
		수량: 100개 → 스티치 컬러 블루로 해주세요. ※ 나염 블랙 1도. 위에서 10 cm

+ 작업지시서는 정해진 서식이 없습니다. 브랜드마다 사용하는 양식도 각기 다르고, 도식화 또한 그리는 디자이너마다 그 스타일이 모두 다르거든요. 어떤 디자이너는 건조하고 딱딱하게 그리고, 어떤 디자이너는 흐르는 느낌과 주름까지 표현하고, 또 다른 사람은 컬러나 질감을 표현하기도 합니다. 손으로 그리는 사람이 있고, 일러스트레이터를 사용하는 사람이 있고요. 그런데 중요한 것은 정확한 내용입니다. 구체적인 비율, 정확한 봉제선과 부자재의 위치, 꼼꼼하게 기입한 제품의 사양 말이죠. '정확'이라는 단어와 '중요'라는 단어를 이미 많이 썼지만, 누가 봐도 어떤 제품인지 알 수 있도록 정확하게 작성하는 것이 중요합니다.

2) 도식화 그리기

앞에서 한번 이야기한 것처럼 도식화는 그리는 사람마다 그 느낌이 모두 다릅니다. 자유롭게 그리지만 몇 가지 작은 규칙을 지켜야 합니다.

• 점선과 실선을 이용하여 그립니다. 봉제선은 실선으로, 스티치는 점선으로 표현합니다. 구체적인 비율로 꼼꼼하게 그려야 합니다. 만약 선 하나를 실수로 더 그린다면, 재단 한 번 더 하고, 봉제 한 번 더 하는 일이 생깁니다. 이런 일은 흔치 않습니다만, 반대로 필요한 선을 그리지 않아 봉제가 안 된 일은 경험해봤습니다. 어깨끈이 튼튼하게 달리도록 해주는 X자 스티치를 실수로 빠트렸더니 정말로 봉제가 안 됐더라고요. 그만큼 비용을 덜긴 했지만 안타까운 일이었습니다.

- 다른 컬러나 다른 재질의 원단을 부분적으로 사용한다면, 공장에서 헷갈리지 않도록 색을 칠해주거나 스와치를 붙여주는 것이 좋습니다. 어느 부분에 어느 원단을 사용해야 한다고요. 결이나 무늬가 있는 원단, 코팅 같은 가공 원단을 사용할 때도 마찬가지입니다. 방향을 지정해주거나 어느 쪽이 겉면인지 미리 알려야 합니다.

- 가방의 앞뒤 사양이 다르다면 도식화도 두 개 그려야 합니다. 이를테면 앞에는 실크프린팅이 들어가고, 뒤에는 주머니가 달리는 가방 같은 것을 제작할 때 말이죠.

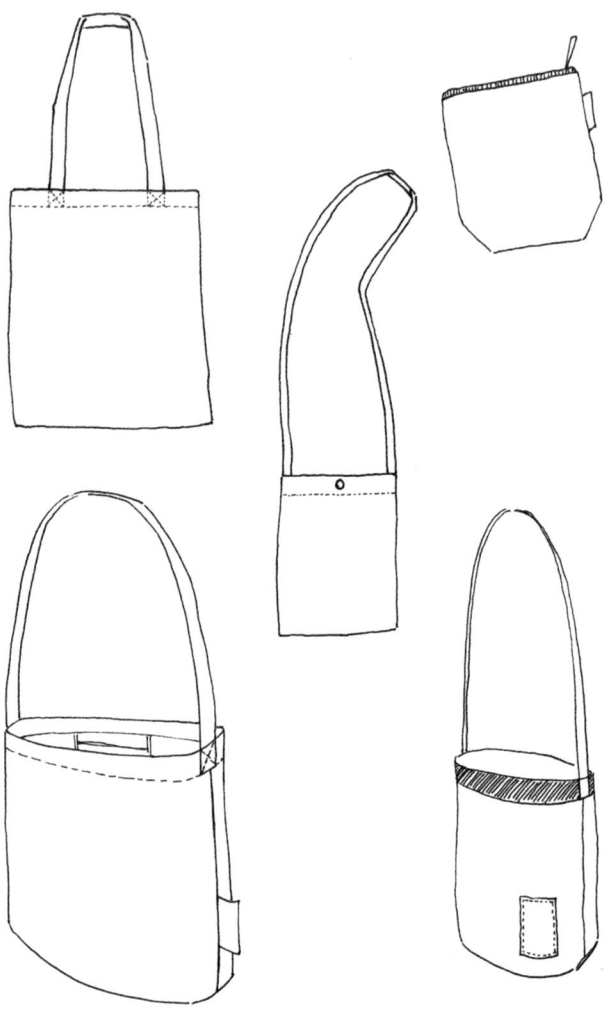

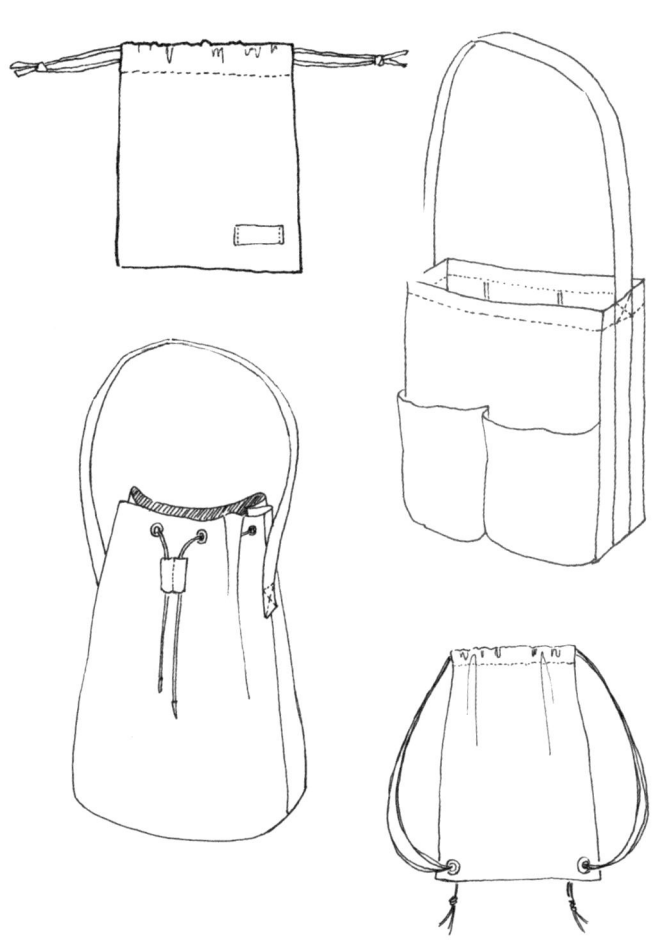

3) 패브릭 포스터, 천가방의 시접 마감 방법

• 손수건이나 패브릭 포스터 같은 재단물 상태의 원단을 마감할 때

인터록(interlock): '날날이'라고도 합니다. 재단 상태인 원단의 올이 풀리지 않도록 가장자리를 실로 촘촘하게 감아주는 봉제 기법입니다.

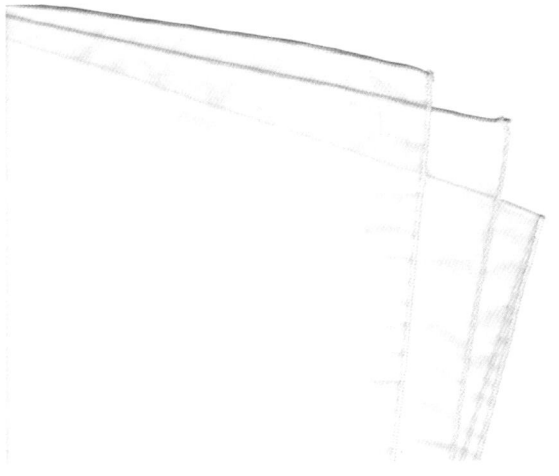

미스마끼: 원단 가장자리를 얇은 간격으로 말아박기 처리하는 봉제 기법입니다. 미스마끼 노루발(hemmer* foot)이라는 미싱 부속이 필요합니다.

*hem: 옷 등의 끝 부분. 원피스, 스커트 등의 끝 라인을 헴라인이라고도 합니다.

• 옷이나 천가방의 시접을 마감할 때

오버록(overlock): 원단의 올이 풀리지 않도록 실이 지그재그로 교차하며 가장자리를 감아주는 봉제 기법입니다. 인터록보다 간격이 넓으며 오버록 마감을 하려면 전용 미싱이 필요합니다.

바이어스(bias): 원단을 식서 방향에서 45도 대각선으로 잘라 일정한 폭으로 접어 만든 테이프를 바이어스 테이프라고 하고, 이 테이프로 시접을 감싸서 마무리하는 것을 바이어스 마감한다고 합니다.

3. 생산이 완료된 후

다시 퀵으로

공장에서 제품 생산이 완료되면 퀵이나 택배 배송으로 제품을 받습니다. 박스에 담겨 올 때도 있고, 큰 비닐봉투에 담겨 올 때도 있습니다. 이때 배송 비용은 생산량에 따라 아주 가끔 봉제 공장에서 부담해주기도 하지만 대부분은 착불로 결제합니다.

검품

배송되어 온 제품들을 하나하나 꺼내어 펼쳐봅니다. 봉제는 꼼꼼하게 됐는지, 끈은 올바르게 달렸는지, 프린팅은 깔끔하게 됐는지, 원단에 오염은 없는지 등 제품의 상태를 확인하고 실밥이나 먼지를 제거합니다. 근무했던 브랜드 중에서 이것을 'QC 본다'고 말하는 곳도 있었습니다. 퀄리티 컨트롤 혹은 퀄리티 컨펌 정도의 뜻일 겁니다.

이미 제작 비용을 지불한 뒤 불량을 발견한 적이 있었습니다. 수량 파악 정도만 하고 미처 꼼꼼하게 확인하지 못했거든요. 끈이 꼬여 달린 가방이 세 개쯤 나왔습니다. 공장 사장님께 말씀드리니 다음 생산 때에는 더 꼼꼼하고 저렴하게 해주겠다는 약속을 하셨습니다. 제품 불량에 대처하는 방법은 사람마다 다르겠죠. 저는 여전히 불량에 대해 말하는 일이 어렵습니다. 모든 공정을 온전히 다 기계가 만드는 것이 아니라, 사람 손을 필요로 하니까요. 완곡한 표현을 찾아 가볍고도 건조하게 말하는 방법을 늘 고민합니다. 이런 고민이 줄어들었으면 하는 마음입니다.

촬영

제품의 분위기를 설명할 수 있는 전체적 이미지나, 상세 컷, 착용 컷을 촬영합니다. 옷도 마찬가지겠지만 가방은 반드시 착용 컷이 필요합니다. 소지품은 얼마나 넣을 수 있는지, 직접 들었을 때 부피감은 얼마나 되는지를 보여주는 것이 좋습니다. 가방과 어울리는 옷의 착장을 보여주는 일도 중요한 판매 포인트가 되기도 합니다.

포장

검품을 마친 제품에 프라이스 태그를 달아주고 스티커나 엽서 등 브랜드를 보여주는 다른 굿즈와 함께 포장합니다. 요즘은 패키지도 브랜딩의 한 부분으로 중요하게 여겨집니다. 얼마 전에 패션 브랜드를 운영하는 선배 부부를 만났는데요. 그동안 사용해오던 종이 쇼핑백이 생산을 중단해 고민이 많아 보였습니다. 쇼핑백의 일부 디테일을 똑같이 제작하는 곳이 없다고요. 이후로 그들이 어떤 결정을 했는지 모르지만, 선배 중 한 명이 "이런 디테일이 모여 브랜드가 되는 건데 어떻게 포기할 수 있겠어…"라고 작게 중얼거린 말이 기억에 남습니다.

홈페이지 업로드

촬영한 제품 사진을 정보와 함께 홈페이지에 업로드합니다. 사진의 흐름을 생각하면서 신경 쓴 디자인 포인트와 소재가 돋보이는 사진으로 고릅니다. 제품 설명을 쓸 때는 간결하고 담백한 문장을 적으려고 노력합니다. 일명 보그체로 화려한 수

식어를 사용해 문장을 적어보라는 권유도 들어봤습니다만, 어쩐지 제가 만든 가방과는 어울리지 않는 것 같아 몇 자 적어보다 지웠습니다. 과하게 늘어놓은 말로 기대하며 샀다가 실망하는 고객의 모습을 상상하고 싶지 않았거든요. 몇 가지 장점, 좋은 소재, 명확한 관리법을 적는 것 말고 더 필요한 것이 있을까요.

이쯤에서

SNS 홍보나 마케팅에 관한 내용을 쓰면 좋겠지만 아쉽게도 이 책에는 그 부분에 대해서 이야기하지 않습니다. 정확히는 할 수 없습니다. 제가 가장 어려워하고 못하는 부분이거든요. (물론 어렵고 못하는 일은 이뿐만이 아니죠.) 패션 마케팅 수업도 들었고, 관련 서적도 몇 권 사봤습니다. 머리로는 아는 내용입니다. 슬프게도 저에게는 판매 포인트를 감지하는 어떤 레이더나 세포 같은 게 없는 것 같아요. 애쓰지 않아 못 하는 것일 수도 있지만, 이제는 가만히 알아주기를 바라는 시대는 아니라는 것쯤은 알고 있습니다. 좋아하는 물건을 만들었으니 함께 좋아해달라 말하는 일이 어쩐지 쑥스럽다고 생각했는데 다소 웃기는 생각입니다. 지금까지 원단을 얼마나 좋아하는지, 물건을 만드는 일이 얼마나 재미있는지 실컷 이야기해놓고 말이에요. 좋아하는 것에 대해 더 많이 말하고 나눠서, 좋아하는 것을 더 많이 만들 수 있게 되면 좋겠습니다. 아, 많이 팔 수 있으면 더할 나위가 없겠죠.

부록

현장 용어

가시메

금속부자재 중 리벳. '이음매를 공구로 단단히 죄는 일'이라는 뜻의 일본어 가시메(かしめ)에서 온 말.

다대(vertical)

세로 방향. 원단의 식서 방향(길이 방향). '세로'를 뜻하는 일본어 타떼(たて)에서 온 말.

데끼

시접 분량이 없는 완성선 또는 시접 마감을 하지 않은 상태. '완성된 상태'를 뜻하는 일본어 데끼(でき)에서 온 말.

도메

마무리의 의미로 여러 군데에서 쓰임. '멈춤'을 뜻하는 일본어 도메(とめ)에서 온 말.

마도메

의류 봉제 공장에서는 셔츠의 단추를 달거나 실밥을 제거하는 등의 마무리 작업을 뜻한다.

하도메

가죽 봉제 공장에서는 지퍼 끝 부분에 슬라이더 이탈을 막아주도록 덧댄 가죽 부분을 의미한다.

하도메

금속부자재 중 아일릿.

도메

천가방 봉제 공장에서는 미싱의 제자리 박기. 올이 풀리지 않도록 앞뒤로 여러 번 박아주는 것을 말한다.

랍바

랍빠, 납바, 납빠 등 그 표기나 발음이 매우 다양하다. 바이어스 테이프를 만들기 위한, 나팔처럼 생긴 부속 기계 명칭. '나팔'이라는 뜻의 일본어 라빠(ラッパ)에서 온 말.

마이깡

벨트 길이 조절에 쓰이는 버클.

미스마끼

스카프나 원피스 끝 부분에서 많이 볼 수 있는 아주 얇은 말아박기 봉제 기법. 봉제 시 미스마끼 노루발을 사용한다. '세겹말아박기'라는 뜻의 일본어 미츠마키누이(みつまきぬい)에서 온 말.

바텍(bar tack)

청바지 벨트 고리나 주머니 끝 부분 등 마찰이 많은 부분을 단단하게 고정해주는 스티치의 일종.

비조

넓은 의미로는 금속 부자재를 모두 칭하지만, 좁은 의미로는 버클이나 조리개.

시아게(ironing)

다림질. 마무리를 뜻하는 일본어 시아게(しあげ)에서 온 말.

와끼(side seam)

옷의 옆 선. 옆 솔기. '겨드랑이, 옆'을 뜻하는 일본어 와끼(わき)에서 온 말.

우마

소매, 어깨용 다림질 판.

우라(lining)

안감. '뒷면'을 뜻하는 일본어 우라(うら)에서 온 말.

해리(binding)

바이어스를 두르는 것. '가장자리, 언저리'를 뜻하는 일본어 헤리(へり)에서 온 말.

후다(flap pocket)

주머니 뚜껑. '뚜껑, 덮개'를 뜻하는 일본어 후타(ふた)에서 온 말.

FABRIC: fabric
천가방 제작을 위한 실무 안내서

초판 1쇄 발행 2019년 11월 15일
초판 3쇄 발행 2021년 8월 31일

지은이 고예빈
펴낸이 차승현

교정 차경희
디자인 이민영
인쇄 상지사

펴낸곳 프랙티컬 프레스
출판등록 제2019-000053호
주소 서울 용산구 신흥로22가길 8, 1층
전화 070-5103-0341
홈페이지 www.practicalpress.kr
이메일 hi.practicalpress@gmail.com

ISBN 979-11-967707-1-6 (02580)

이 책의 판권은 지은이 고예빈과 출판사 프랙티컬 프레스에 있습니다.
내용의 전부 또는 일부를 재사용하려면 반드시 양측의 서면 동의를 받아야합니다.